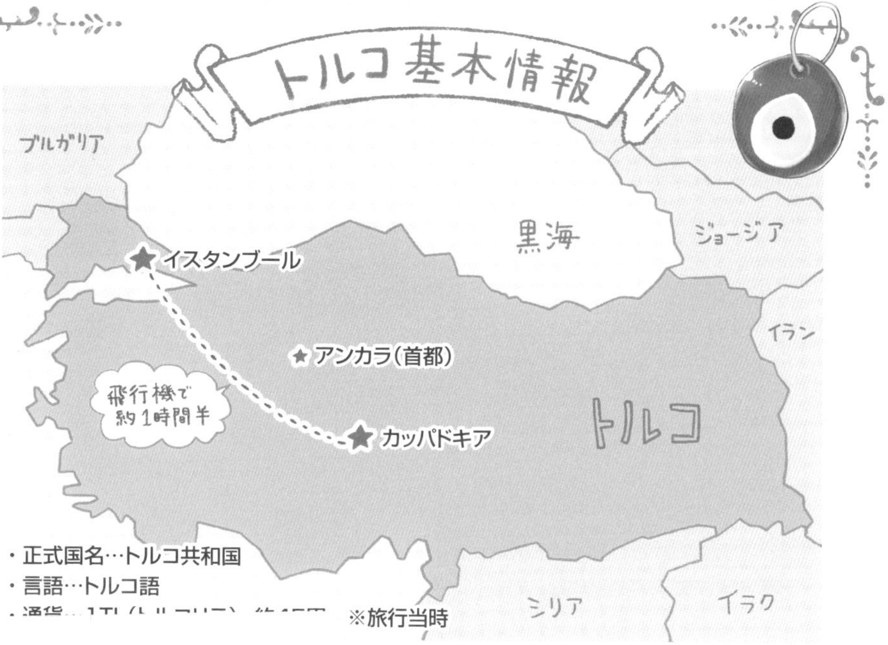
トルコ基本情報
ブルガリア
黒海
ジョージア
イスタンブール
イラン
アンカラ(首都)
飛行機で
約1時間半
トルコ
カッパドキア
シリア
イラク

・正式国名…トルコ共和国
・言語…トルコ語

※旅行当時

トルコと日本の有名なエピソード

エルトゥールル号遭難事件

明治23年、訪日していた木造船「エルトゥールル号」が台風に遭遇し沈没しました。587名が犠牲になり、生存者はわずか69名という痛ましい事件です。
和歌山県串本町の島民が懸命な救助活動を行い、現在も5年に一度追悼式典が行われています。

イラン・イラク戦争時の
トルコ航空機による日本人救出

昭和60年、サダム・フセイン元イラク大統領が「48時間後、イラン上空を飛ぶすべての航空機を撃墜する」と宣言しました。
当時日本政府は救援機を出すことを躊躇し、200人近くの日本人がテヘランに取り残されてしまいます。
しかしタイムリミット直前、トルコ航空機が在留邦人を乗せ、テヘランを脱出しました。

これらの出来事は、トルコと日本が友好的な関係を築く一因になった、ともいわれています。

▲野宮 レナ
動物、おいしい物(特に甘い物)、旅行、神社仏閣巡り、星野源さんが大好き

「トルコは親日国」
メディアなどでよく耳にすることばです。
しかしそのたび、
「具体的には？何をもってそう表現するの？」
と、私は疑問に思っていました
今のトルコ人はエルトゥールル号のことなんて知らないでしょ？
観光客に来てほしいから「日本好き」って言ってるんだよ
という意見や
トルコとイタリアの男性は似ているんだ
親日というか女性が好き…ゴホン
女性に優しいだけなのでは？
ドイツ人の友人
なんて意見も
色々聞こえてくるけど…
Türkiye
百聞は一見に如《し》かず
実際はどうなんか自分で体験しに行きたいなぁ

美しい雑貨、手工芸品にも興味があります
幻想的な光を放つトルコランプ
フォルムが可愛いチャイダンルック（チャイを淹《い》れるポット）
上に茶葉
下にお水を入れ沸かす
模様に意味や願いがこめられたキリム※
オヤの※アクセサリー
キュタフヤ※陶器
小皿
灰皿
香水瓶
10～40cmとサイズは様々
華やかさも手作りの温かみも感じられていいな
トルコはアジアとヨーロッパの中間地点に位置し、それらの文化が融合していると言われています
独特な模様や鮮やかな色彩はそのためかな？
トルコ
FROM：セミ
実際に手にとってみたい…
あ、セミからメールが

※キリム…コットンやウールを平織りした織物の総称

※オヤ…厳密にはスカーフすその飾りを指しますが、トルコのレース編みなどもこう呼ばれます

※キュタフヤ…陶器作りで有名なトルコの都市

私はこの時、
知人の紹介で
ふたりのトルコ人と
メールや手紙の
やり取りを
していました
そのうちの
ひとりがセミです
エミレ
セミ
ふたりともトルコ在住、
トルコ語と英語を話します。
お互いに面識はありません
From Semih
Title Merhaba!
スッ
えーと
なになに…
メルハバ　レナ！
今日は家族とイスタンブールの
町で買い物をしました。
以前、僕が住んでいたカッパドキアとは
景色が全然違います。
メルハバは
「こんにちは」
の意味だよ
写真を送ります。
カッパドキアには岩しかない、
なんてイスタンブールの人は
冗談言ったりしますけど…（笑）
どちらも美しいところです、
僕は両方大好きです！
カッパドキアの
ラクダちゃん
イスタンブールの
オルタキョイ・ジャーミイ
カッパドキアの
ギョレメの町
ほぉーーーっ

カッパドキアって
見たことのない
形の岩だらけで
火星っぽいというか…
別世界みたい
同じ国やのにな〜
国土が広いからな〜
一方
イスタンブールは
ヨーロッパみたいな
町並みの場所も…
火星人？
レナはトルコ料理を
食べたことがある？
これも写真を送りますね
おっ
ないない、
食べたい
羊肉を串に刺して焼いた「シシ・ケバブ」
トルコ風ピザの「ピデ」
パイ生地でヤギのチーズを巻いて揚げた「スィガラ・ボレイ」
薄い生地の間にピスタチオなどを挟み焼き上げた甘いデザート「バクラヴァ」
…など、
おいしいものがたくさんですよ！
いつか食べに来てくださいね。では！
Pilav《ピラウ》
（トルコのピラフ）
Şiş Kebabı《シシ ケバブ》
Baklava《バクラヴァ》
Sigara《スィガラ》
Böregi《ボレイ》
"Sigara" はトルコ語で "タバコ" を意味します。
Pide《ピデ》

さすがは世界三大料理のひとつ、トルコ料理
ズシッ…
トルコ行こうよ〜
トルコで食べたい欲
トルコに行きたい欲
重い…
うっ
日本人の口にも合う、って聞いたことあるけど
確かにこれはおいしそうすぎる
景観、料理、建築物…
調べれば調べるほど興味がわいてきます
SUT MISIR 1
1コ40円くらい
屋台で買えるごまパンのスィミットに焼き栗、トウモロコシ
魔よけの青い目玉、ナザール・ボンジュウのアクセサリー
コンスタンティノープル攻略のため4ヵ月で築かれた巨大要塞、ルメリヒサル
「ヒサル」は要塞の意味
……こ、
ぐら
ぐら
ぐら
これはもう行くしかないやろ
こうしてトルコ行きを決意

★トルコでしたいこと
・現地の人とお話したい
・本場のトルコ料理を食べたい
・トルコのスイーツを食べたい
・きれいなものをたくさん見たい
短い旅行やけど、観光名所巡りを詰め込むだけじゃなくて
あてもなくブラブラ散歩もしたいな
旅先の文化や人々に敬意を払うべく
出発までにトルコ語と歴史の勉強をしました
人にも興味があるので関わりを大事にしたいし
犬はköpekやって
キョペク?
トルコ語
結果的には、「こんなことはじめて」をたくさん経験した旅となりました
一体どんな出来事があったのか…
本編をお楽しみください!

contents

The story that all the Turks were kind

トルコへ行ったのは、ヨウムのロッコがうちへ来る直前のお話です
ロッコについては『おはヨウム！ロッコちゃん』をぜひご覧ください！

カッパドキア編

Cappadocia

The story that all the Turks
were kind

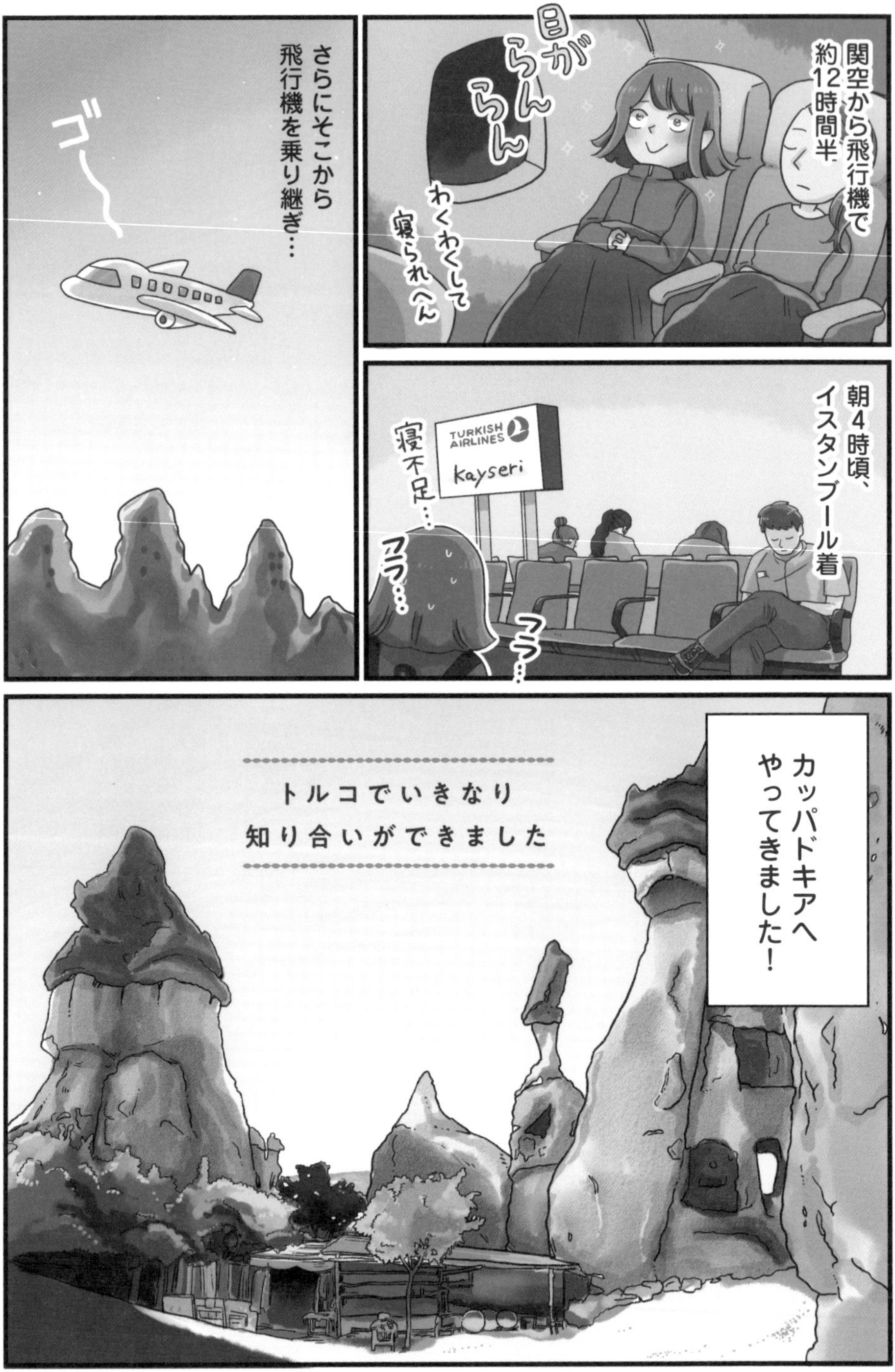

関空から飛行機で約12時間半
目がらんらん
わくわくして寝られへん
朝4時頃、イスタンブール着
TURKISH AIRLINES
kayseri
寝不足…
フラ…
フラ…
さらにそこから飛行機を乗り継ぎ…
ゴ〜〜
カッパドキアへやってきました!
トルコでいきなり
知り合いができました

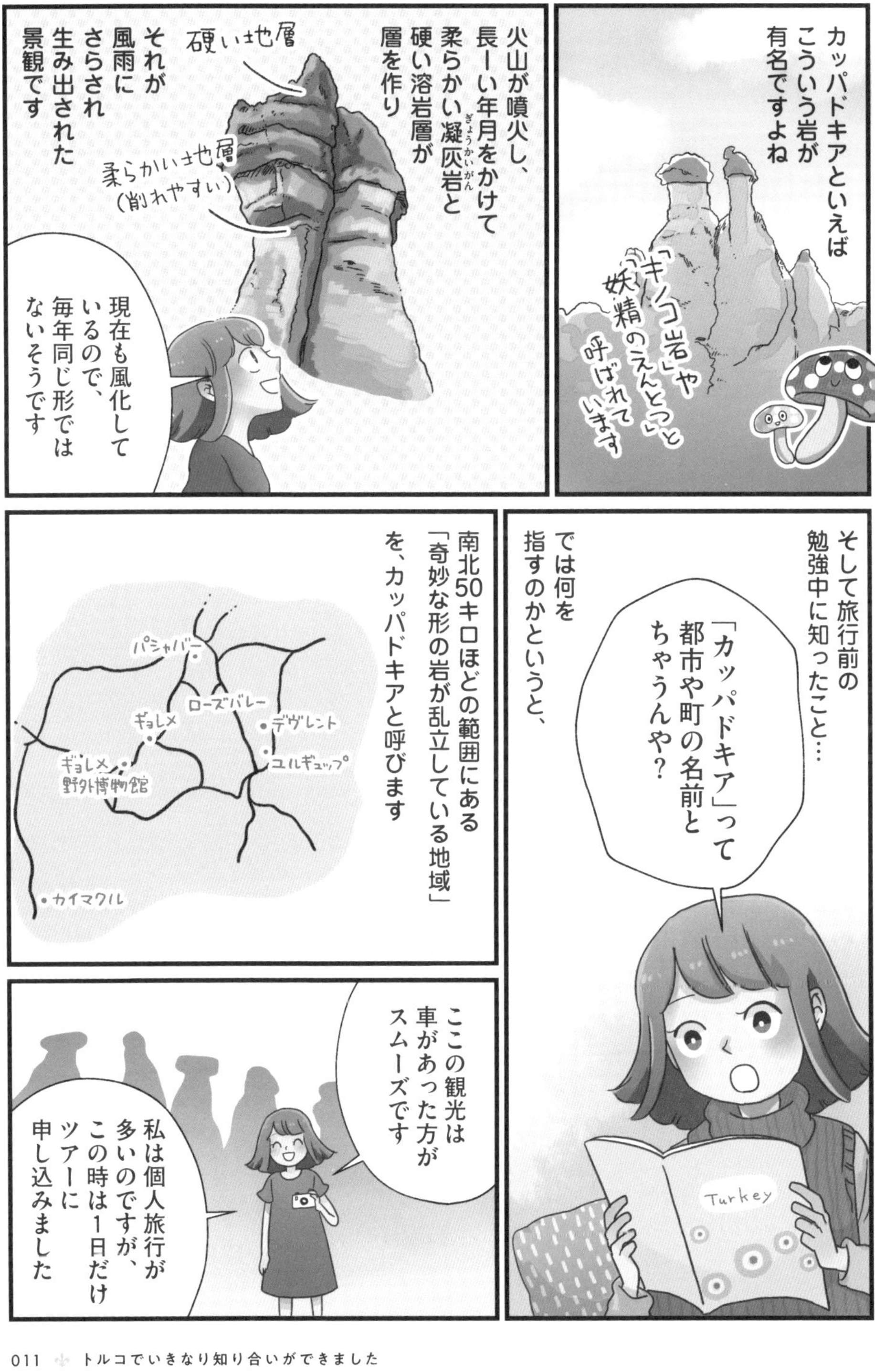
カッパドキアといえばこういう岩が有名ですよね
「キノコ岩」や「妖精のえんとつ」と呼ばれています
火山が噴火し、長ーい年月をかけて柔らかい凝灰岩《ぎょうかいがん》と硬い溶岩層が層を作り
硬い地層
柔らかい地層（削れやすい）
それが風雨にさらされ生み出された景観です
現在も風化しているので、毎年同じ形ではないそうです
そして旅行前の勉強中に知ったこと…
「カッパドキア」って都市や町の名前とちゃうんや？
では何を指すのかというと、
Turkey
南北50キロほどの範囲にある「奇妙な形の岩が乱立している地域」を、カッパドキアと呼びます
パシャバー
ローズバレー
ギョレメ
デヴレント
ユルギュップ
ギョレメ野外博物館
カイマクル
ここの観光は車があった方がスムーズです
私は個人旅行が多いのですが、この時は1日だけツアーに申し込みました

8月のカッパドキアは日差しが強く…ですが湿度はとても低いです
カラッ☆としている
その心地よさに寝不足だった私も覚醒
シャキッ
風がこんなに気持ちいいの初めて！
ホテルに荷物置いたし！レストランにお昼食べに行こう
ヨッシャ
ヘイジャポン!!
ドキーッ
!?
コンニチハ！
ウィーラブジャポーン♥
ハ
ドキドキ…
←怒られるのかと思った

その車が通りすぎたら
次の車も、すれ違う人も…
ハァイ
ジャポン？ハバナイスデイ！
ブォォ…
これまでも海外の旅先で現地の人が親しげに挨拶してくれることはありました
こんにちは！
ニューカレドニアにてなぜかいただきますのポーズ
でもここは頻度が違うかも
一歩出歩けば立て続けに話しかけられるし
実は数時間前、
カイセリ空港に到着した時のこと…
KAYSERI HAVALIMANI / AIRPORT
あのう、あなたは日本人ですよね
流暢な日本語…

イスタンブールで乗り継ぐ時からあなたのこと見ていました
私はデニズっていいますよろしくね
デニズさんは関西で暮らしていて、
今回は数年ぶりに家族に会いにトルコへ帰ってきたそうです
私トルコ人なんだけど見た目が白人でしょ？だから飛行機でトルコ人の客室乗務員さんが私に英語で話しかけてくるわけ
英語使われたら私も英語で返事しなきゃってなるじゃない
ペラ
ペラ
ペラ
ペラ
ペラ
飛行機といえばね、隣の席のスペイン人のおばさんがずっとお喋りしてくるから眠れなくて
それはそうと連絡先交換しましょう？
あら！私の家族が迎えに来てる！
オーイ！
わぁ〜っ

暑い中
おばあさんも
迎えに来て
くれたんや
一刻も早く
会いたかったん
やろなぁ
ノミヤ
レナ〜？
野宮
レナ
come!
はい！
私です
ウェルカム！
車乗って
ください
野宮
レナ
空港からホテルまで
車の送迎を
依頼していました
レナ！
明日、いっしょに
食事しましょう！
ホテルまで迎えに
行きます
何か困った
ことがあれば、
いつでも電話してね
——ということがあり、

トルコに降り立った
その瞬間に、
トルコ人の
知り合いが
できたのでした
なに食べよ
デニズさん、
親切そうな方やし
話しかけてもらえて
よかった
海外やから
色々気をつけな
あかんけど…
言葉が通じるの
ありがたいな
わ〜
エキメッキ（パン）
ドマテス・チョルバス（トマトスープ）
アイラン（甘くないヨーグルトドリンク）
おいしい！
最初の
トルコ料理から
大当たり！
パトルジャンエズメ
ナス、ニンニク、オリーブオイルなどのペースト。そのままでも、パンにつけても
ピラウ（ピラフ）
日本のピラフより
こってり、しっとり
フライドポテト
グリルチキン
デザート
どうぞ！
アイスのせ
バクラヴァ！
コトッ
え？

すみません、これは注文していないです…
サービスだよ、おいしいから食べてくれ
ニコッ
ええっいいんですか?
いいんだよ!これ知ってる?
ロクムだよ、これもどうぞ
お茶はチャイとハーブティーどっちにする?
Lokum《ロクム》
ゆべしのようなトルコのおかし
あの、あんまりごちそうしていただくと申し訳ないです
お気持ちは嬉しいのですが
えー?気にしなくていいのに

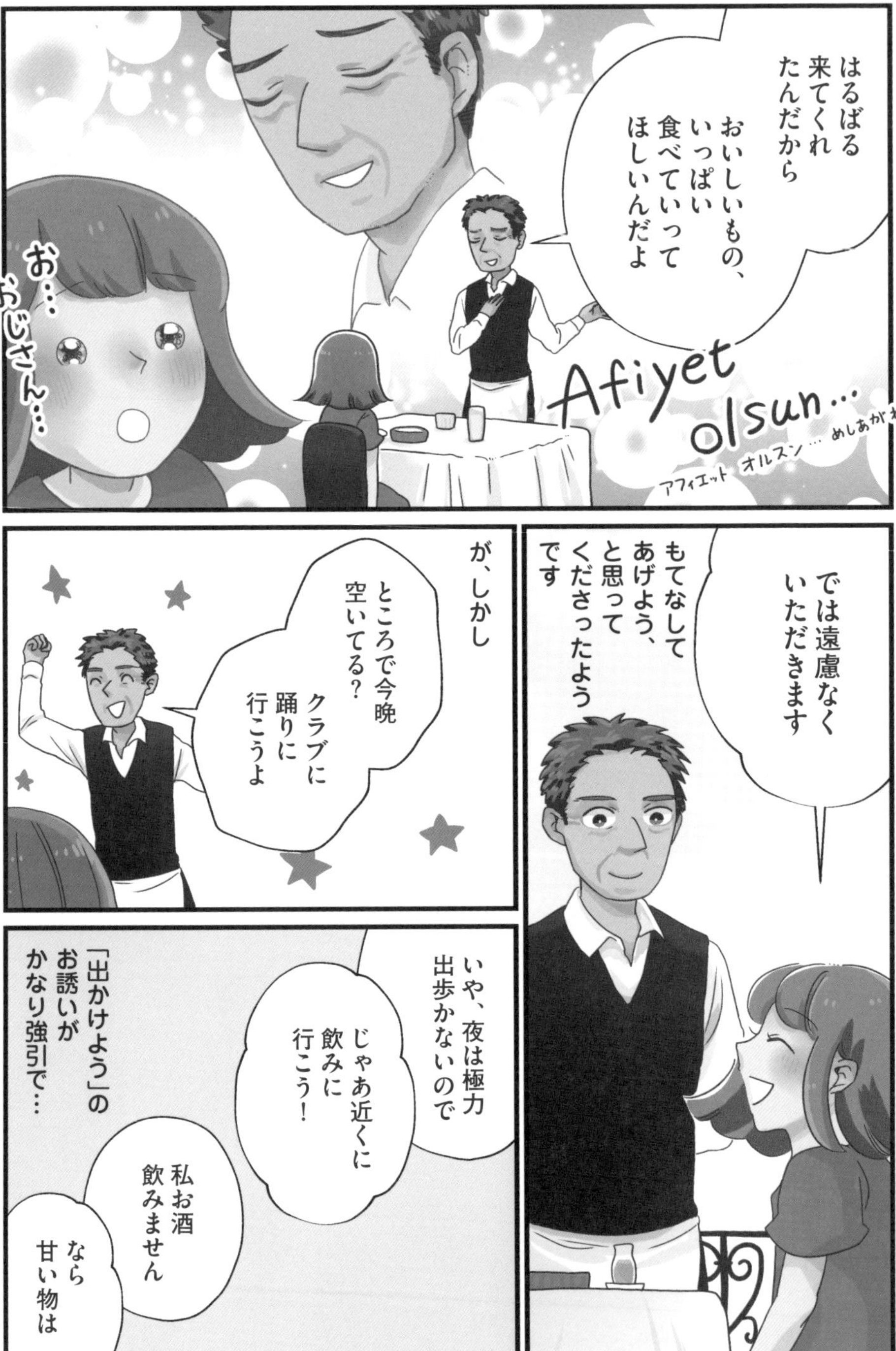
はるばる来てくれたんだから おいしいもの、いっぱい食べていってほしいんだよ
Afiyet olsun…
アフィエット オルスン… めしあがれ
お…おじさん…
では遠慮なくいただきます
もてなしてあげよう、と思ってくださったようです
が、しかし
ところで今晩空いてる? クラブに踊りに行こうよ
いや、夜は極力出歩かないので
じゃあ近くに飲みに行こう!
私お酒飲みません
なら甘い物は
「出かけよう」のお誘いがかなり強引で…

お断りするのに
け――っこうな
時間がかかりました
翌日
も〜〜っ
「困ったら連絡して」って言ったじゃない〜！
その時間、私そこの近くのカフェにいたから
連絡くれたらすぐ行って断ってあげましたよ
デニズさんの友人、日本語が上手なテキンさん
全員じゃないけどトルコ人男性は時々しつこいです
一応気をつけてね
はぁい…
だ、そうです

【トルコでいきなり知り合いができました：終】

知り合いらしき
女の子が かけよって
ハグしていた

カッパドキアの歴史と、
すねるおじさん
カッパドキアでは洞窟ホテルに滞在しました
その名の通り、洞窟を掘って作られたホテルです
部屋にはベッドが2つありました
ひとつはふつうの、
もうひとつは壁に掘られたもの
ほら穴
床やドア以外は天井も壁もすべて岩肌
壁と一体になったこんな棚も
ひんやりしてて、クーラーつけんでも過ごせるなぁ
このお部屋は高すぎず安すぎずちょうどよいお値段で、
スタッフさんも親切
緑いっぱいのこじんまりした可愛らしいホテルでした

ですが偶然、他の洞窟ホテルのスイートルームを覗かせてもらえたのです
やぁ！
朝の散歩中
私はこの建設中のホテルのオーナーだよ！もうすぐオープンなんだ
中、見たい？見ていく？見るよね？
お掃除係の女性
そこはバスタブの他に小さなハマム※があり、
岩肌になじむ色彩のどっしりした家具や照明がそろえられていて
洞窟ラグジュアリーとでも言いましょうか…
きらびやか～
ちょっとしたお城やん
素朴な洞窟ホテルは秘密基地のようで楽しいけれど、
高級感あふれるのも芸術的でステキだと思いました
カッパドキアに宿泊する方はホテルの画像をよく検索し、
お気に入りの部屋を探されることをオススメします
いつか泊まれるようにお仕事と貯金をがんばります
待ってるよ～
ワハハ

※ハマム…トルコ式のお風呂。浴槽はなく、どちらかというと岩盤浴に近い

さて、この日はツアーに参加して名所めぐりです
10人くらい乗れる車
ツアーガイドのムラトです、今日はよろしくお願いします
妻は日本人です
ブオォ…
しかし暑いですね～
ほんとにねぇ～
ツアー参加者は10人ほどで、なごやかな雰囲気でした
〈約8時間のツアー内容〉
★洞窟レストランでの昼食付き
・鳩の谷
・デヴレント渓谷
・エセンテペ
・カイマクル地下都市
・ギョレメ野外博物館
・絨毯工房
・パシャバー
効率よくまわってくださるので、ありがたいですね
面白い地名が多いなぁ
各名所では、ガイドさんの解説を聞いたら
周辺を自由行動
時間になると車に集合し、次の名所へ
名所ごとに自由時間があり嬉しかったです

鳩の谷
岩肌にポコポコとあいた穴は、鳩の巣です
伝書鳩としてや、農作物を育てる肥料として鳩のフンが必要なため飼育されていたとか
カッパドキアはワインの産地です
ブドウの木を育てるのに、鳩(のフン)が一役買っていたんですね
デヴレント
この谷にはユニークな形の岩が多々あり、色々なものに見えることから、「イマジネーションの谷」とも呼ばれています
ラクダ岩
イエスを抱くマリアの岩
どうですか皆さん、マリア像に見えますか?
んん〜〜〜
言われてみればぁ〜
こういった有名な岩や場所の近くには、ほぼ必ずおみやげ物屋さんがありました
日本人観光客も多いらしく、日本語を話されるお店の方も珍しくありません
キーホルダー3トルコリラよ!

このお皿、
1つは5トルコリラ！
2つは8トルコリラ！
いっぱい買う、
安くするよ
あら そうなの
隣のお店も
のぞいてみよ
あ、かわいい
お皿がある
もうすぐ
集合時間やし
急がないと
ここで買っとこう
日に焼けそうですが…
こうして売られている
ストール、多かったです
これ
ください
ハイ
どうもね～
むぅ～

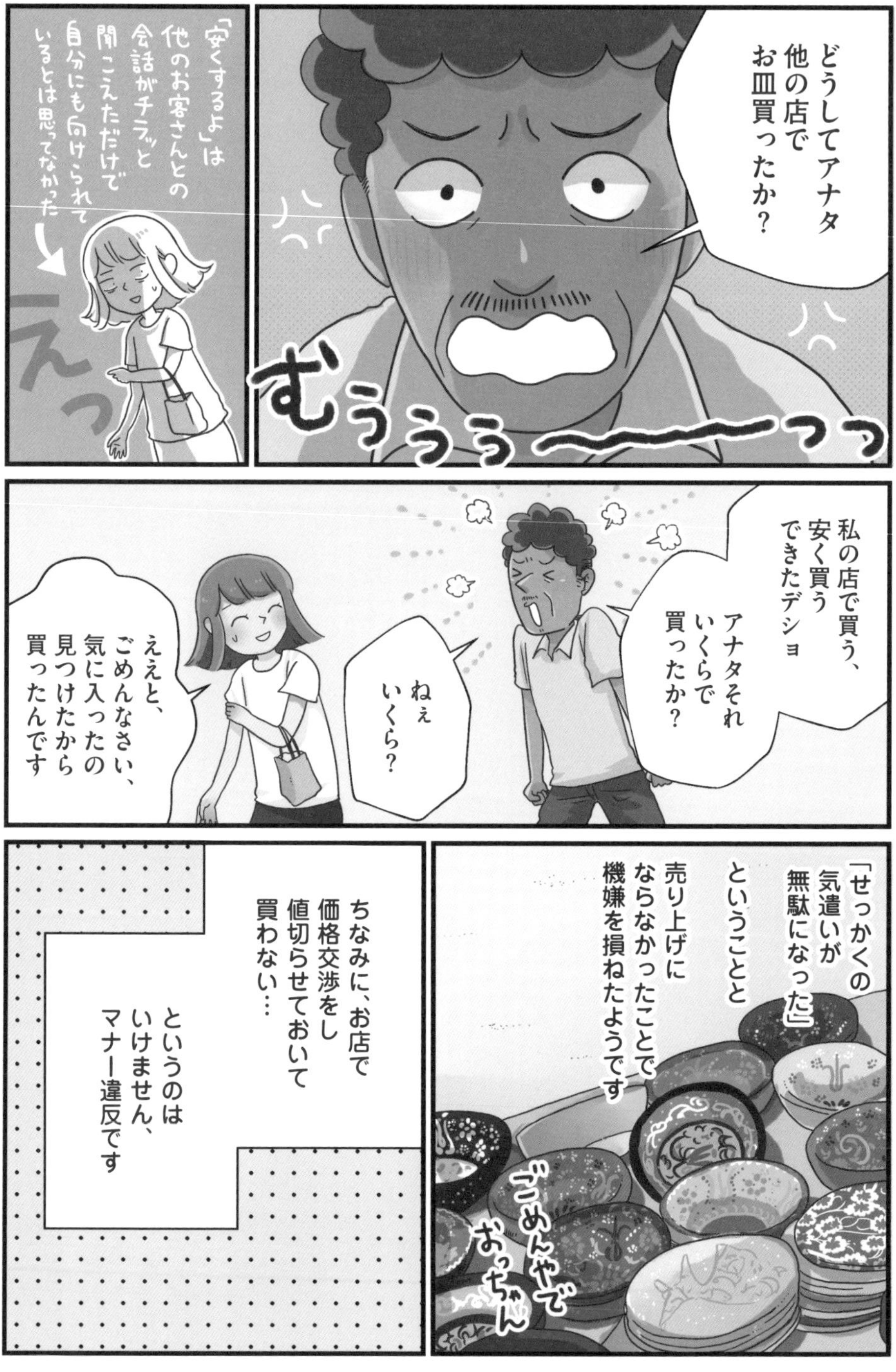

どうしてアナタ他の店でお皿買ったか？
むぅぅぅ～～～っっ
「安くするよ」は他のお客さんとの会話がチラッと聞こえただけで自分にも向けられているとは思ってなかった
えんっ
私の店で買う、安く買うできたデショ
アナタそれいくらで買ったか？
ねぇいくら？
ええと、ごめんなさい、気に入ったの見つけたから買ったんです
「せっかくの気遣いが無駄になった」ということと
売り上げにならなかったことで機嫌を損ねたようです
ごめんやでおっちゃん
ちなみに、お店で価格交渉をし値切らせておいて買わない…
というのはいけません、マナー違反です

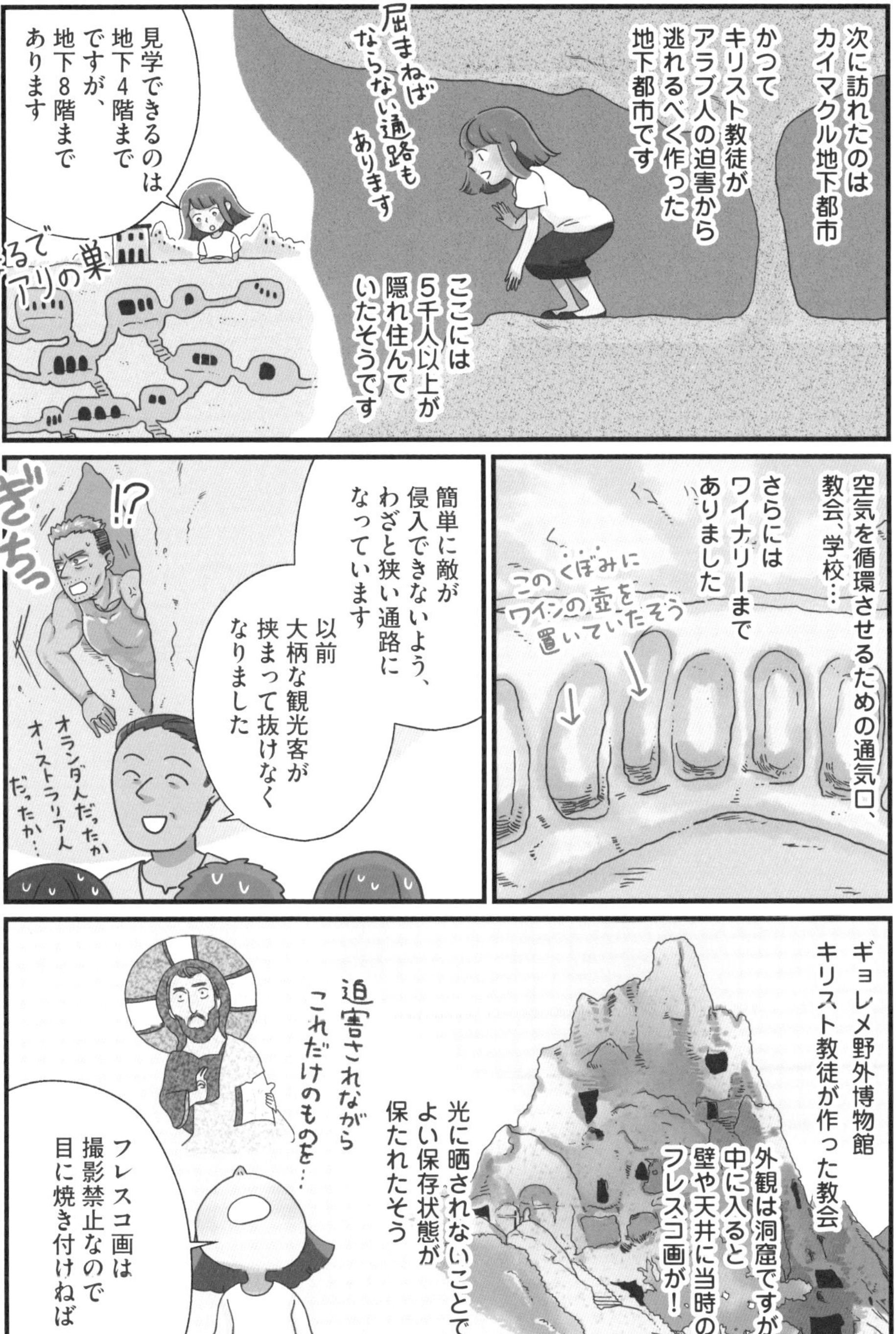
次に訪れたのは
カイマクル地下都市
かつて
キリスト教徒が
アラブ人の迫害から
逃れるべく作った
地下都市です
屈まねば
ならない通路も
あります
ここには
5千人以上が
隠れ住んで
いたそうです
見学できるのは
地下4階まで
ですが、
地下8階まで
あります
まるでアリの巣
空気を循環させるための通気口、
教会、学校…
さらには
ワイナリーまで
ありました
このくぼみに
ワインの壺を
置いていたそう
簡単に敵が
侵入できないよう、
わざと狭い通路に
なっています
以前
大柄な観光客が
挟まって抜けなく
なりました
!?
ぎちっ
オランダ人だったか
オーストラリア人
だったか…
ギョレメ野外博物館
キリスト教徒が作った教会
外観は洞窟ですが
中に入ると
壁や天井に当時の
フレスコ画が！
光に晒されないことで
よい保存状態が
保たれたそう
迫害されながら
これだけのものを…
フレスコ画は
撮影禁止なので
目に焼き付けねば

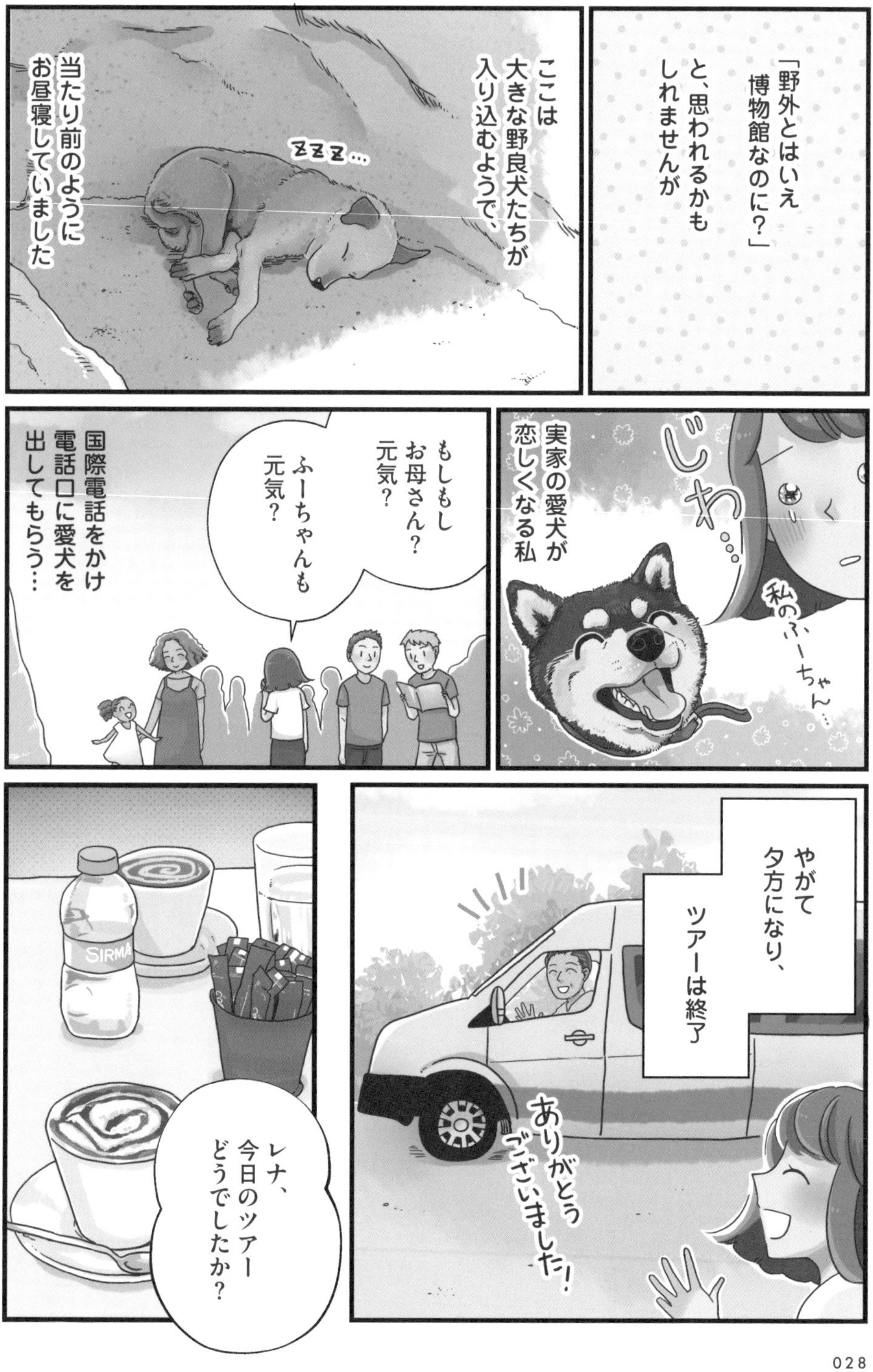
「野外とはいえ
博物館なのに？」
と、思われるかも
しれませんが
ここは
大きな野良犬たちが
入り込むようで、
ZZZ…
当たり前のように
お昼寝していました
じわ…
私のふーちゃん…
実家の愛犬が
恋しくなる私
もしもし
お母さん？
元気？
ふーちゃんも
元気？
国際電話をかけ
電話口に愛犬を
出してもらう…
やがて
夕方になり、
ツアーは終了
ありがとう
ございました！
SIRMA
レナ、
今日のツアー
どうでしたか？

【カッパドキアの歴史と、すねるおじさん：終】

デニズさんは少ない日数の中カッパドキアをたくさん案内してくれました
夕陽を受けてバラ色に染まる峡谷、ローズバレー。
みんなワインやナッツを片手に夕陽を眺めます
「いっしょに写真を撮ろう」とポイ捨て
連れて行っていただいた先で私が必ず言われたこと、それは…
レナ～
彼らはいっしょに写真を撮りたいそうです
お孫さんと
「いっしょに写真を撮ろう」です
カシャッ
芸能人でも有名人でもないのに、私が「日本人」だということで写真を撮りたいと思ってくださるようです

初めて声をかけられたときはとても驚きました
日本人ですよね？いっしょに写真を…
!?
13才くらいの女の子グループ
昨日、同じツアーに参加した女性も…
トルコの方たちによく「写真撮ろう」って言われません？
言われます！
とのことで、その辺をデニズさんたちに聞いてみました
Q なぜ日本人と写真を撮りたい人が多いの？
トルコ人の9割が日本人を好きだからですよ※
カッパドキアの小さな町で、日本人は珍しいですから
※デニズさんたちの意見です
Q なぜ日本人が好きなの？
インフラの整った国の人たちに憧れがあります
親切ですしね
日本人のお客さん、礼儀正しいの人多いですから。私も好きですよ
テキンさんは旅行会社勤務

好意的に
見ていただけるの
嬉しいなぁ
私なんもしてないけど〜
旅行中は
「自分の言動が日本人
全体の印象に繋がる」
と意識しています
改めて気が
引き締まりました
そんな中
デニズさんたちと
小高い丘に
夕陽を見に
行った時のこと
ビュオォォォ…
連なる岩々…
吹き抜ける風…
めっちゃいい…
ぬっ
メル
ハバァ！
オホホホ

えっ、
なになに？
テキンさん 通訳
お願いします
その女性は
家族を呼び寄せ、
テキンさんに
スマホを渡し、
※＝@！
タマム、
タマム
あれよあれよと
いう間に
こうなりました
カシャッ
なんて
おっしゃって
るんですか？
ペラ
ペラ
ペラ
えーっと
日本人とっても
可愛いわ！
ひとり？ 学生？
若いのに偉いわ
…と、言って
います
ええっ
言われなれない
コトバが
たくさん
おおおお
恐れ入ります

※タマム…トルコ語でOKの意

社会人経験
それなりに積んだ
いい年の女だと
お伝えください
◎$★
(通訳)
ドッ
わははは
全然そんなことないのに
ほめてくれて
ありがとう
初対面だというのに、
おばさんは
実の娘にするように
私に接してくれました
遠くまで
よく来て
くれましたね
あなたの旅が
よいもので
ありますように
ギュッ
別れ際は
姿が見えなくなるまで
手を振ってくれる、
あたたかい
ご家族
でした
バイバイ〜!
いっしょに
撮った写真は
大切な一枚です
知り合った
ご家族のお話を
もうひとつ
ジャパン?
ナイス!

やはり写真を撮り、
カシャッ
話しかけてもらえて嬉しかった私はアメをおすそわけ
アメちゃん食べます？
オー！サンキュー！食べる食べる
少しだけ雑談し、そこでお別れしました
アメありがと～
バイバ～イ
くしゃっ…
えっ…ええ～!?
アメの包み紙ポイ捨て

うそやん
こんなとこに
捨ててある
しかも
家族全員分
ねえねえ!
これ、
ゴミ捨てたら
アカンやん、
て言おうと
したけど
ゴッ…
ああ〜…
ブオーーン
もう
車乗って
行っちゃった
…
そこは
「パシャバー」
という場所でした
白っぽい岩肌と
地面に落ちた影との
コントラストが
美しい所です
少し悲しく
なりました
アメ渡した
私のせい…?
文化の違いとか
いうやつかな

実はデニズさんも
星空を眺めながらワイン飲みましょう
地元の人しか行かない、星空と奇岩を楽しめるスポットへ連れて行ってくれました
そこで…
谷底
来てよかったでしょ？いい景色でしょ？
街灯が少ないから星がよく見えるの
ワイン飲めないのでなめるだけ
さて、そろそろ帰りましょうか
ワインの瓶捨てますよ
せーのっ
ハッ
ちょちょちょちょっと待って
イヤな予感
？

谷底に
ワインのビン
捨てるんですか?
待たれよ…
ええ、ここ
トルコだし
大丈夫よ?
いやいや、
ていうか
素朴な疑問や
ねんけど
なんで
ゴミ箱に
捨てへんの?
ヨーロッパから
日本へ来た
友人たちが、よく
本当に日本は
道路にゴミが
ないよね!
清潔で羨ましい
地下鉄も
都会の駐車場も
と、口にします
海外ももちろん
清潔な所は清潔です
けれども
私が訪れた
ほとんどの国で、
一歩、裏道や
住宅地に入ると
ゴミの散乱した
一画がありました…
日本にも
そういう場所は
あるのでしょうが、
他国に比べると
圧倒的に
少ないはずです
家電ゴミから
マットレス、生ゴミまで
さまざま
「ゴミは
ゴミ箱があれば
そこに捨てるけど、
ここにはないから」
それが
デニズさんの
答えでした
じゃあビンは
私がホテルに
持って帰って
捨てます

あ…
私が家で
捨てます…
そんなに
言うなら…
空港も町も
きれいだったので
ゴミ箱に捨てない、
という̇の̇は̇
意外でした
トルコの
ゴミ事情ですが、
日本ほど分別は
徹底されていません
分別用のこういう
ゴミ箱もあるには
あります
初対面でも
陽気に接し親切、
イコール
大らかな国民性
といえる…？
分別など
細かいことに
あまり
こだわらない、
これもお国柄かなぁ
出す人は
分別しなくても、
資源ゴミを分別して
換金するために
持って行く人もいます
TL
tl
トルコリラ
ところ変われば
事情も変わる…
カルチャーショックを
受けた出来事でした

【「いっしょに写真を撮ろう」とポイ捨て：終】

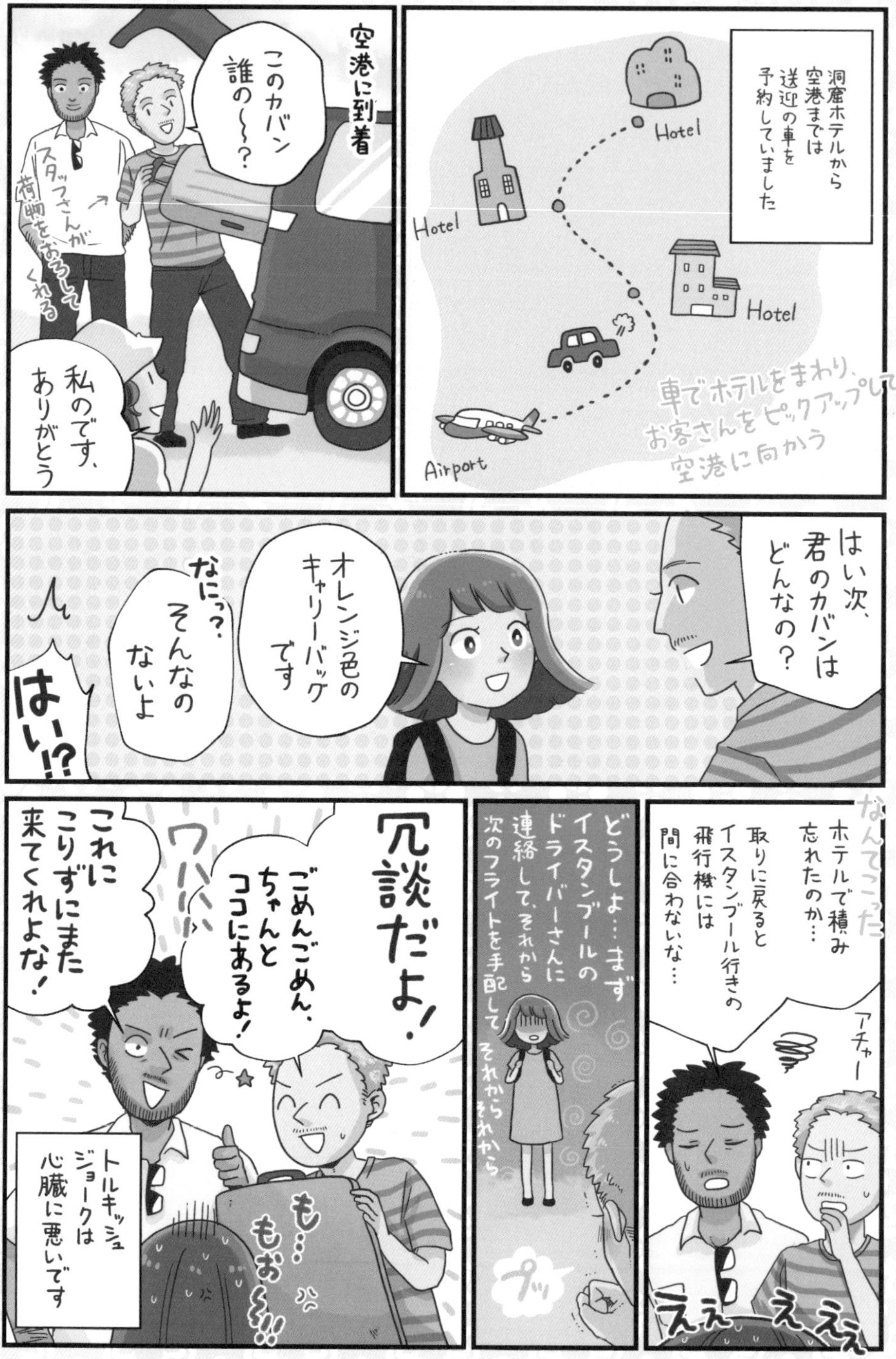
洞窟ホテルから空港までは送迎の車を予約していました
Hotel
Hotel
Hotel
Airport
車でホテルをまわり、お客さんをピックアップして空港に向かう
空港に到着
このカバン誰の〜〜？
スタッフさんが荷物をおろしてくれる
私のです、ありがとう
はい次、君のカバンはどんなの？
オレンジ色のキャリーバッグです
なにっ？そんなのないよ
はい!?
なんてこった
ホテルで積み忘れたのか…
取りに戻るとイスタンブール行きの飛行機には間に合わないな…
アチャー
えぇーえぇぇぇ
どうしよ…まずイスタンブールのドライバーさんに連絡して、それから次のフライトを手配してそれからそれからそれから
プッ
冗談だよ！
ごめんごめん、ちゃんとココにあるよ！
ワハハハ
これにこりずにまた来てくれよな！
も…もぉ〜〜!!
トルキッシュジョークは心臓に悪いです

イスタンブール編 夏

Istanbul -summer-

The story that all the Turks were kind

カッパドキアとはうってかわって蒸し暑いイスタンブール
ケバブ、ココレチ、チャイ、あと柿の種
ガラタ塔…
高さ67mの展望台ですが、かつては灯台（火災により焼失）、監視塔、監獄、天文台として利用されてきました
この日はメールのやり取りをしていたエミレと、さらにその友人のユスフと会いました
メルハバ！
おヒゲコンビ
ふたりとは簡単な英語で会話しました
ユスフ
エミレ
まずは何か食べようか
あ、じゃあラップサンドのケバブ食べたいな！「デュリュム」やっけ？

ケバブ
肉・魚・野菜などをローストした料理の総称
「デュリュム」はユフカという薄い生地で具材を巻いたものです
Dürüm
デュリュムは「巻く」という意味です
ユフカ
ドネルケバブ
肉を味付けし大きな串に重ね、回転させて焼きます
その肉をそいでデュリュムにしたりパンに挟んだりレストランではお皿で出てきます
クミンなどで下ごしらえされたお肉
外側をあぶって削ぎおとす
ラムのケバブとアイランにしようかな
俺はココレチにしよう
1つ8トルコリラくらい
menu
ココレチ？ココレチってなんやろう
ココナツ的ななにか？
いただきまーす
イダアダ……ッス！

鼻をくすぐるお肉の香り
あー
このトルコ料理も大当たり！
ハズレなしやから毎回言うてまうわ～
生地のユフカはスーパーでも買えます（買いました）
口内に広がるスパイスの風味と肉汁
パクッ
ところでココレチって何？
ココレチ
羊の腸だよ
…腸詰めとかでなく腸そのもの？
えっ
ココナツじゃなかった…
メェ～
そうだよ、細かく刻んだ腸

食べてみる？
ちょいっ
じゃあ
ひとくち…
デザート用スプーン
ぱく…
実はホルモン系は
今までほぼ
食べたこと
なくて…
あれっ
意外と
くさみがない！
おいしい！
ココレチ
串に巻き付けて
炭火で焼いた腸を、
トントンと細かく
刻みます
そこに
トマト、ピーマン、
ハーブなどをまぜ
塩で味付けします
パンに挟んで
できあがり！
でしょ〜
Kokoreç
パンに挟まず、
おつまみにすることも
お店の外へ出ると
暗くなって
きていました
腹ごしらえも
すんだし
ボスポラスの
船に乗ろうか
すぐ
そこだよ

ボスポラス海峡クルーズは観光の定番
船上から歴史ある宮殿や砦、寺院を眺めることができます※
ボスポラス海峡
ヨーロッパサイド
ガラタ塔
現在地
乙女の塔
ブルーモスク
マルマラ海
アジアサイド
イスタンブールをヨーロッパサイドとアジアサイドに分けているのが、長さ約30㎞のボスポラス海峡です
ローマ帝国対オスマン朝の決戦の海でもあります
かのエルトゥールル号もかつてはここに…
ガラタ塔→
ブオー…
船着き場はかなり賑わっています
乗船券はどこで買えるの？と一瞬心配になりましたが
すぐ解決しました
ボスポラスボスポラスボスポラスボスポラス
もうすぐ出港だよ～～！

※クルーズを提供している旅行会社がいくつかあります。コースや所要時間が異なるので確認しましょう

私たちが乗ったのはそこそこ大きな船
たくさんの観光客が乗船していました
ほどなくして船は動き出し…
チャイ〜チャイ〜
チャイはいらんかね〜
あ、3つ買います
紙コップでなく、グラスとソーサーで温かいチャイがいただけました
チャイはトルコ人の必需品ですね
チャイを飲んでいる間も船は進み、
ドルマバフチェ宮殿
ボスポラス大橋
夜はライトアップ
乙女の塔の伝説…
「皇帝の娘は18歳になると蛇に噛まれて死ぬ」と予言されます
皇帝は海の真ん中に塔を建て、娘を隠しますが…
結局、娘は果物の籠に紛れていた蛇に噛まれ死んでしまうのでした。
現在はレストランも入る観光名所です
乙女の塔
次々と見るべきものが現れます

8月とはいえ夜の潮風に当たっていると次第に冷えてきて…
最近ボンサイに興味あるんだ
本買ったよ
ボンサイってなに?
日本人は皆するの?
みんなはせんけど〜
私たちは船内に移動しました
12月にもクルーズ船に乗ったのですが、寒すぎて少し体調くずしました。防寒対策しっかりして乗るのをオススメします
明日はどこに行くの?
スルタンアフメット地区を中心に見るつもり
世界遺産にも認定
イスタンブールの主要な観光地はスルタンアフメット地区に集まっている…と言っても過言ではありません
モスク見学させてもらえるの、ほんまに楽しみやねん
エミレたちは※ムスリムやん、礼拝にはよく行くん?
あ〜〜、
めったに行かない…
よなぁ

※ムスリム…イスラム教徒のこと。女性の信者はムスリマ

敬虔《けいけん》な信者も
いるだろうけど、
俺らの周りは全然…
母さんはたまに礼拝に行ってるぽい
イスラム教徒が
9割を占める
トルコですが
お酒を飲む人も
スカーフを
しない女性も
います
（特にイスタンブールは
厳格なイスラム教徒と
比べると、かなり緩い
人が多いです）
そうこう
しているうちに
約1時間半の
ショート
クルーズは終了
KARAKÖY
カラキョイ、という地名です。
この辺で下船しました
船から降りると
大粒の雨が！
ザバッ
軒下まで
走れ！
うわあぁあ
あああああ
雨宿り中、
私がプレゼントした
日本のおみやげを
開封するエミレたち
サァア…
これは何？
ザラ
ザラ
チョコ、
ホット
アイマスク、
それは柿の種…
醤油味のお菓子

【ケバブ、ココレチ、チャイ、あと柿の種：終】

イスラム教の礼拝堂、モスクはトルコ語で「ジャーミィ」です
イスタンブールの「スルタンアフメットジャーミィ」
世界一美しいモスクと言われています
ブルーモスクと地下宮殿とトプカプ宮殿
ステンドグラスから淡い青い光が差し込むこと、2万枚以上のタイルの青色が際立って美しいこと…などから「ブルーモスク」とも呼ばれています
お祈りの時間以外は観光客も見学できます
靴を脱いで袋に入れ、
家族のクツ係をしていた女の子
女性は髪と肌の露出を隠します
男性も短パンや露出の多い服はNG
内部は誰もが息をのむ美しさ…
ほわぁあ〜〜…

モスクに付随する塔は通常4本まで、と決められています
トルコ語でミナーレ
エザン（礼拝のお知らせ）がスピーカーから流されます
しかしスルタンアフメットジャーミィには6本の塔が…
なぜか、というと諸説ありますが
アルトゥン（金）の塔を作るのじゃ
と、命じられた設計者が
ハイッ
アルトゥ（6）の塔ですね！
…つまり「金」と「6」を聞き間違えたから、という説が有名です
そしてやはりここでも
日本人でしょ？写真撮ろうよ！
写真撮ろう
私でよろしいので…？
モスクの中庭では
おーっ大和撫子！ヤマハトヨタ！
我が名はムサシ！
ワハハハ
意味不明
日本語を操る陽気なおじさん登場

声をかけられても ついていっては いけません
私は昔 日本に住んでいて〜
そうなんですね〜
日本人を ターゲットにした ぼったくりや 詐欺なんかも あるからです
疑っておるな? 大丈夫、私はいいガイド
だって…
日本人のお客さんがモスクから出てくるのを待っていて…
お、来た来た
おまたせムサシさーん
ホンマやった
てかムサシって呼ばせてんの
では気をつけてな! バイビーッ!
バイビ〜ッ
普通に楽しい人やった… ちょっとそっけなくしてごめんね
デニズさんはホテルの人に「レナと出かけますが怪しい者じゃありません」って挨拶していたので今思うと丁寧だった

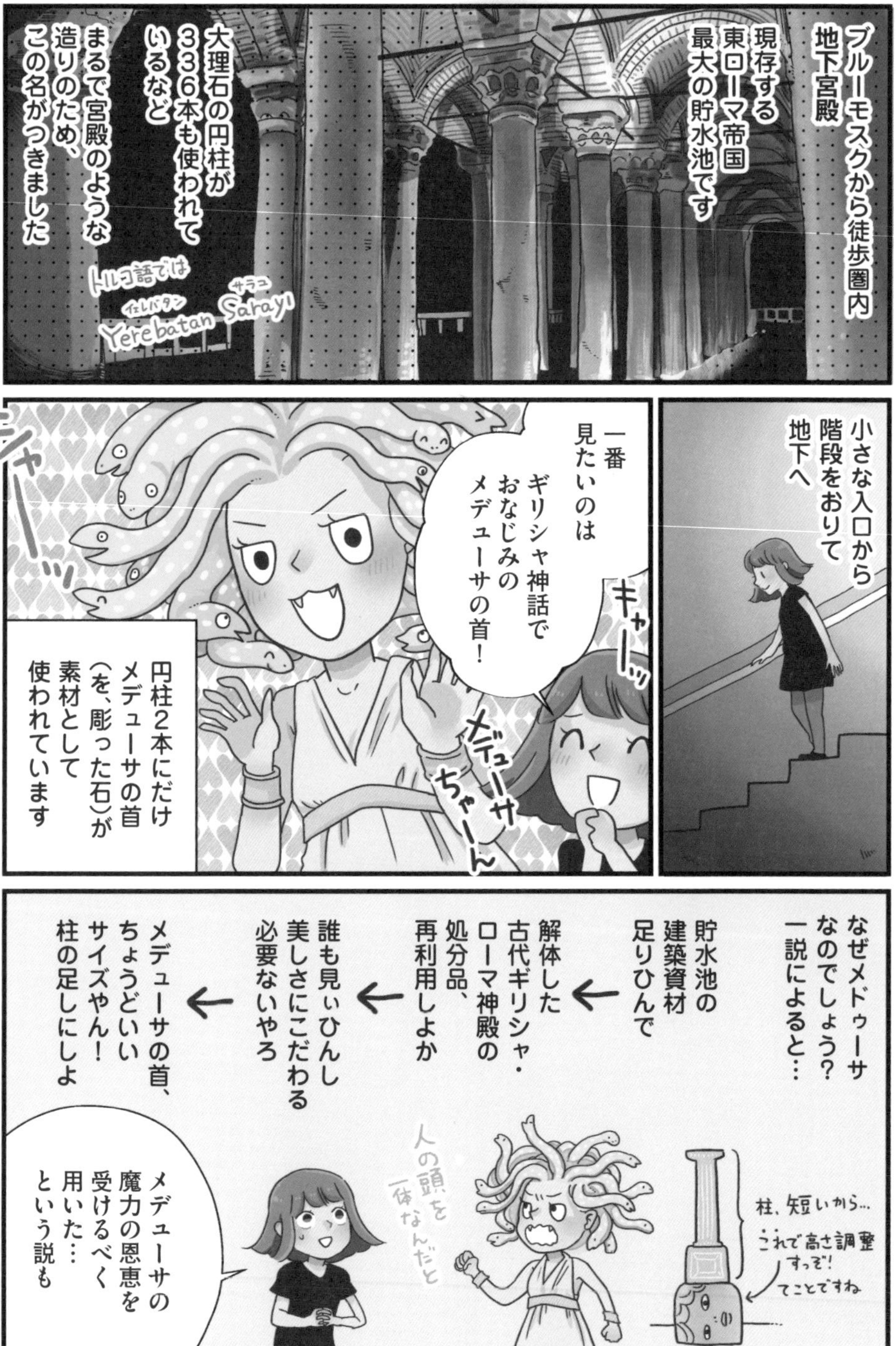
ブルーモスクから徒歩圏内
地下宮殿
現存する
東ローマ帝国
最大の貯水池です
大理石の円柱が
336本も使われて
いるなど
まるで宮殿のような
造りのため、
この名がつきました
トルコ語では
Yerebatan《イェレバタン》 Sarayı《サラユ》
小さな入口から
階段をおりて
地下へ
一番
見たいのは
ギリシャ神話で
おなじみの
メデューサの首！
キャーッ
メデューサちゃーん
シャーッ
円柱2本にだけ
メデューサの首
（を、彫った石）が
素材として
使われています
なぜメドゥーサ
なのでしょう？
一説によると…
貯水池の
建築資材
足りひんで
←
解体した
古代ギリシャ・
ローマ神殿の
処分品、
再利用しよか
←
誰も見ぃひんし
美しさにこだわる
必要ないやろ
←
メデューサの首、
ちょうどいい
サイズやん！
柱の足しにしよ
柱、短いから…
これで高さ調整
すっぞ！
てことですね
人の頭を
一体なんだと
メデューサの
魔力の恩恵を
受けるべく
用いた…
という説も

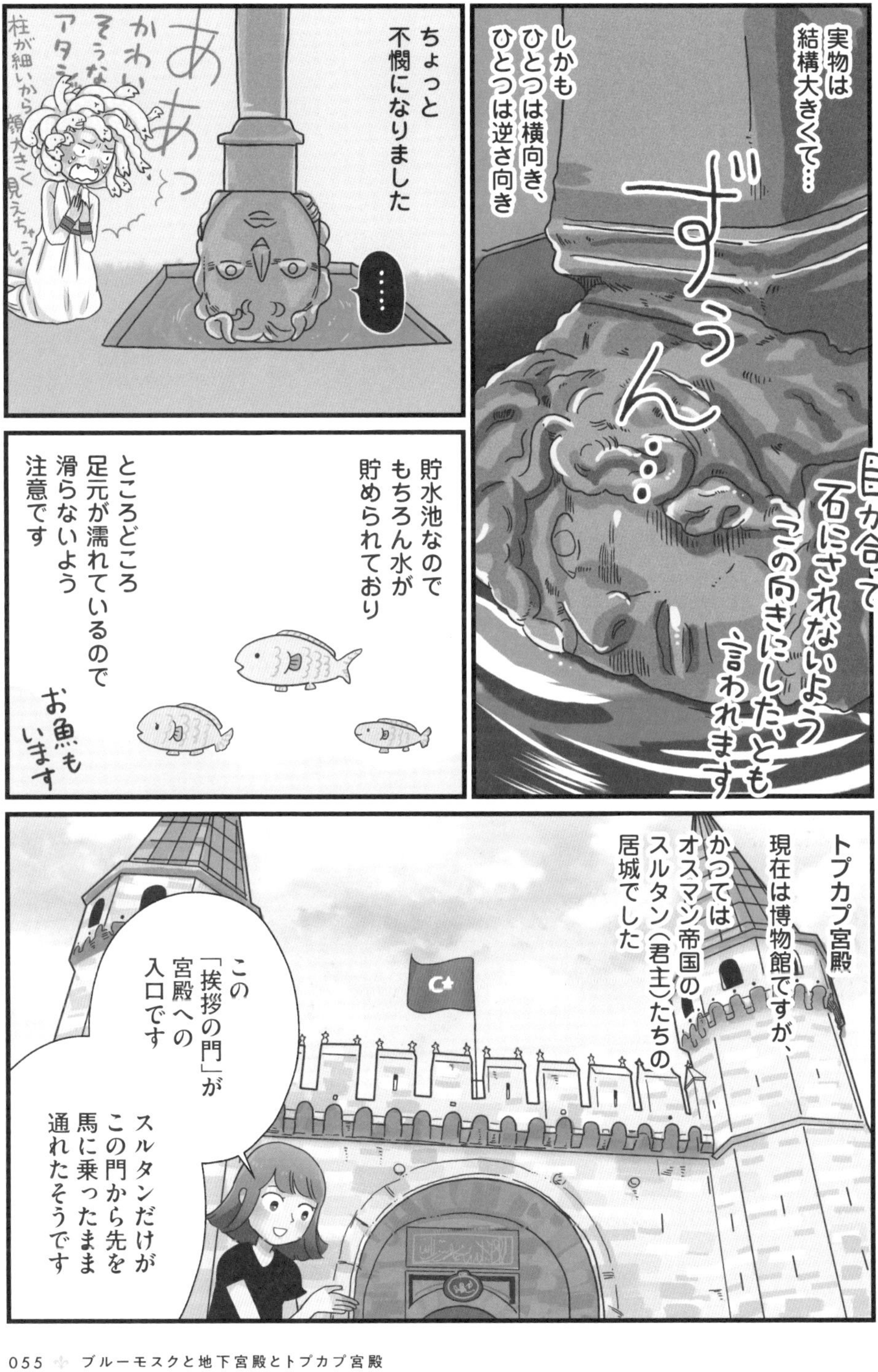
実物は結構大きくて…
しかもひとつは横向き、ひとつは逆さ向き
ずずうん…
目が合って石にされないようこの向きにした、とも言われます
ちょっと不憫になりました
……
ああっ
かわいそうなアタシ
柱が細いから顔大きく見えちゃうし
貯水池なのでもちろん水が貯められており
ところどころ足元が濡れているので滑らないよう注意です
お魚もいます
トプカプ宮殿
現在は博物館ですが、かつてはオスマン帝国のスルタン（君主）たちの居城でした
この「挨拶の門」が宮殿への入口です
スルタンだけがこの門から先を馬に乗ったまま通れたそうです

トプカプって「大砲の門」っていう意味なんや
ボスポラス海峡を臨む場所に大砲を置き船や周囲を威圧していたため「大砲の門の宮殿」の名前がついたのだとか
トプ→大砲
カプ→門
いかつい名前ですが…中は緑あふれる美しい庭園が広がっています
見どころのひとつ、議会場
宮殿は政治の中心でもありました
「ここで会議ができるの？」というくらいきらびやかな装飾が目をひきます
議会場の中には「宰相の執務室」「会議の間」「客間」などがあります
宝物館
まばゆい財宝が展示されています
有名なのは86カラットのスプーンダイヤに
エメラルドがあしらわれたトプカプの短刀…
撮影禁止なので目に焼き付けておきたいですね
スプーンダイヤの伝説…
漁師が海岸で光る石を拾い、宝石商に見せたのですが「ただのガラスだ」と言われてしまいます
がっかりしている漁師を可哀想に思った宝石商は3本のスプーンとその石を交換します
しかし、実はそれはダイヤモンドだったのでした

ハレム（別料金で見学可）
300人近くの女性たちと宦官たちが生活していました
豪華なステンドグラスや壁一面のイズニックタイルに見とれてしまいます
王子の部屋。これはストーブだそう
美しい後宮ですが、熾烈な後継者争いを思うと…心が休まることはあったのでしょうか
「イズニックタイル」はイズニックという陶芸で有名な町で作られていました
複雑な模様が並びますが、全体を見ると調和を感じるのがなんとも不思議
宝石も素晴らしいけど、私はタイルの青色に惹かれるなぁ
ぼーっと眺めていると、
スルタンアフメットジャーミィでもイズニックタイルが使われているよ
オスマン帝国のミマール・スィナンは知ってる？
「ミマール」は建築家という意味で、名前ではありません。スィナンはトルコ史上最高の建築家と呼ばれています。
ハレムの入口 メシュリハーネの門。当時の女性たちはハレムに入ると二度と出られなかったのでした…
職員の方がわかりやすい英語で解説をしてくれました
空いている時はこういうラッキーもあるようです！

【ブルーモスクと地下宮殿とトプカプ宮殿：終】

イスタンブールは大きく3つのエリアに分けられます
オシャレな街！
ヨーロッパの雰囲気がある
新市街
金角湾
タクシム広場
ボスポラス大橋
ドルマバフチェ宮殿
ガラタ塔
エジプシャンバザール
ガラタ橋
グランドバザール
トプカプ宮殿
ブルーモスク
ユスキュダル
カドゥキョイ
世界遺産を堪能、
歴史を感じる
旧市街
観光客はやや少なめ、
のんびり町歩きが楽しい
アジアサイド
老若男女、街で出会ったすてきな人たち
前章でご紹介したモスクや宮殿は旧市街にあります
私は旧市街が好きで、たくさん散策しました
トトメス3世のオベリスク
エジプトのカルナック神殿から取り寄せられ、今は旧市街に
約20mですが本来は60mもあったとか…
たとえば…カフェ
ほほぉ…
キラン
キラン
いらっしゃい
ムキィ…
あ…あなたがこのキラキラしたケーキを…!?

バクラヴァとか中東のお菓子もおいしいけど、
食べなれた西洋風ケーキもおいしい～！
これ持って行くかい
おいしいですって言ったら帰り際にチョコ(店頭の売り物)をくださった
ありがとうございます！
ロカンタ（大衆食堂）
ショーケースの中の料理を店員さんに取ってもらったり、自分で取ってトレーに乗せお会計します
ホカホカ
タウックチョルバス（チキンスープ）とキョフテ（トルコ風ハンバーグ）と…
はかり売りだったり料理が盛られたお皿を取って行ったり、システムは様々でした。
教えてくださるし初めてでも大丈夫です^^
おいしい？
サルチャ好きです！
めっちゃおいしい！
サルチャ…濃い目のトマトペースト
めっちゃええやんのジェスチャー
お菓子屋さん
味の想像がつかない伝統的なお菓子から馴染みあるチョコ、キャンディー、カップケーキまでお菓子専門店はどのお店も「もう十分です！」というくらい試食を勧めてくれます

とあるお店の店員さんは15、16歳の男の子たち
俺はオスマンの皇帝だぞ～!!
なんつって
←おたま
ししょく
有名なお菓子
ロクム
ド定番。ゆべしと似ています。菓子箱には英名の「ターキッシュ・ディライト」と書かれていることも。
ピシュマニエ
毛糸玉のように丸められた、細く伸ばしてあるアメです。コロンとした綿菓子のようですが、食感は意外としっかり。小麦粉が使われているからかな？
ホワワン
ロクマ（屋台でも買えます）
揚げドーナツにシロップをたっぷりかけたものです。噛むと甘みがジュワッ！
私はコレが一番好き
化粧品屋さん
あ…なにかお探しですか？
観光客慣れしていないのか、珍しくシャイな店員さんたち
でも不愛想ではないです
8tl～
10tl
地元の方が行くスーパー
ここはさらに珍しく店員さんが無口で愛想もなく…
私のトルコ旅では貴重な体験！
しかし海外の接客の多くはこのくらいのテンションが普通です
ピッ
ピッ
ここでふと気付きました
店員さん、男性ばっかやな

そういうわけで ここでは女性と 話す機会が なかったのですが…
ハマムグッズ屋 さんや、せっけん買お
ハマム
伝統的な公衆浴場で トルコ式の蒸し風呂です
スチームサウナの ような部屋で 大理石の台に乗り、ケセジと呼ばれる マッサージ師さんに アカスリや マッサージを してもらいます
お店やコースにより 金額はさまざまです
ローカルなハマムは ¥1.000前後、高級ハマムは ¥10.000以上することも
あわあわ～～
「へそ石」と呼ばれる あたたかい大理石
キィ
…
メルハバ
メルハバ！
ハロー？ ニーハオ？ あっ、コンニチワ、だ！
でしょ？
偶然にも 年が近そうな お姉さんに 出会えました

せっけんや
オイルは
3つ買ったら
1つおまけ♡
お姉さんの
名前は
セリンちゃん
トルコ人です
ねねね、
私ね、今
婚約してるの！
婚約者の
写真見る？
えっ
見る見る
この人よ！
こっちは婚約
パーティーの
写真♡
ドレス
かわいい〜！
とっても
明るくて、
すぐに仲良く
なれました
キャッ
キャッ
わいわい
オホホ
ウフフ
ハロー！
あ、
お客さん
レナ、
ゆっくり
しててね
ハマムグッズの
定番といえば、
ペシテマル（タオル）
ハマムでは腰巻きにも
ガウン
ケセ（あかすり）
手にはめて、
またはせっけんを入れてもOK

中でもせっけんは種類が豊富です
レモン
ラベンダー
アルガンオイル
シナモン
トルコはバラやオリーブの名産地なだけあって、
セリンちゃんのお店で人気の石鹸もバラとオリーブのものだそう
石鹸を選んでいると何やらもめている声が…
ヘイ、レイディーズ！レイディーズ!!
スタスタ…
行っちゃった

どしたん?
もっと安くして、って値切り交渉されたの
それはいいんだけど、私は従業員だからオーナーが決めた額以上にはまけられないの
バザールなどでは値切り交渉中の姿をよく見かけます
それが普通ですし、醍醐味でもあるようです
私はバザールで高価な物を買わないので、値切り交渉はしたことがありません
でも一度だけ…
この小物入れいくらですか?
10トルコリラだよ
相手を見て値段をつけることもよくある
ふーん
いや待てじゃあ7トルコリラでどうだ!
ふーんって言っただけで別に値切るつもりはなかった
と、いうことがありました

値引き交渉してもいいとはいえ
お店にも事情があるもんね
そうなの〜〜!
初めてお店側の声を聞いた出来事でした
セリンちゃんのお店で買い物をしたあと、
また来てね
街を歩いていると新たな出会いがありました
HOTEL
ホテルと思しき建物の1階から小さな腕がいくつも
ニュ!!!
と飛び出していて…
ゆらゆら動いている…
!?

目を凝らすと
じっ…
部屋の中には7～8歳くらいの女の子が3人
メルハバ、ジャポン？
←奥に大人の気配
エヴェト、ベン ジャポヌム（はい、私は日本人です）
あなた達はトルコ人？姉妹かな？
←カンタンな英語→
ナイストゥーミーチュー！
あのねぇ私たちはねぇトルコ人でね、
姉妹じゃないの、イトコなの！
親戚同士でトルコの地方からイスタンブールまで旅行に来たそうです
私は旅先で仲良くなった人や、お世話になった人に感謝を表したいと思うことがよくあり…
Teşekkür ederim
大体いつも何か日本のおみやげを持ち歩いています
セリンちゃんにはフェイスマスクとホットアイマスク
ありがとーっ早速今夜使うね！

女の子たちがあまりにも朗らかで可愛らしいので、
今なんか持ってたっけ
ごそ
ごそ
何かプレゼントしたいなと思いました
あった！かわいいワンちゃんのストラップ
デン！
もういっこ、ネコちゃんのストラップ
デデン！
これだけしかない…女の子は3人いるのにストラップが1つ足りないどうする…どうする…
？
ムムム…
デデ〜〜ン！
とってもカワイイあのキャラ
私が今スマホにつけてるストラップ…
お古で申し訳ないけど、まだ数日しか使ってないから
これで…！

ねえねえ、こういうの好き?日本のキャラクターです
ひとつ新品じゃなくてごめんね、でもおろしたてやからもしよかったら…
「komşum Totoro」として知られています
!!
キャアアアアアアア!!
キャ〜ッ!!
かわい〜っ
もらった〜!
あらぁよかったね
ピョン
ピョン
ホッ
喜んでもらえてほっこりしました
またね、と言い合って別れましたが
ありがとう、またね!
またね!
旅先での「また」はあるかどうかわからないものです
一期一会
恐らくもう一生会えないのだろうな…と思うと、少し切なくなったのでした

長い間、手紙やメールのやり取りをしていたセミとそのご家族にようやく会えました!
セミ
セミの妹 シマイちゃん
セミのお母さん マノリアさん
トルココーヒーでコミュニケーション
わざわざホテルまで来てくださってありがとう
うん うん
お母さんは英語を話されず、私はトルコ語がわからないのでセミが通訳をしてくれます
お母さんも暑い中…
あっ!? そのバッグは
プレゼントした女性誌についてた付録バッグ!
使っていただけて嬉しぃ〜!
お母さんは日本のファッションに興味がある、ということだったので以前に女性向けファッション雑誌をプレゼントしていたのでした
安価だし写真も楽しめるし、雑誌のプレゼントおすすめです

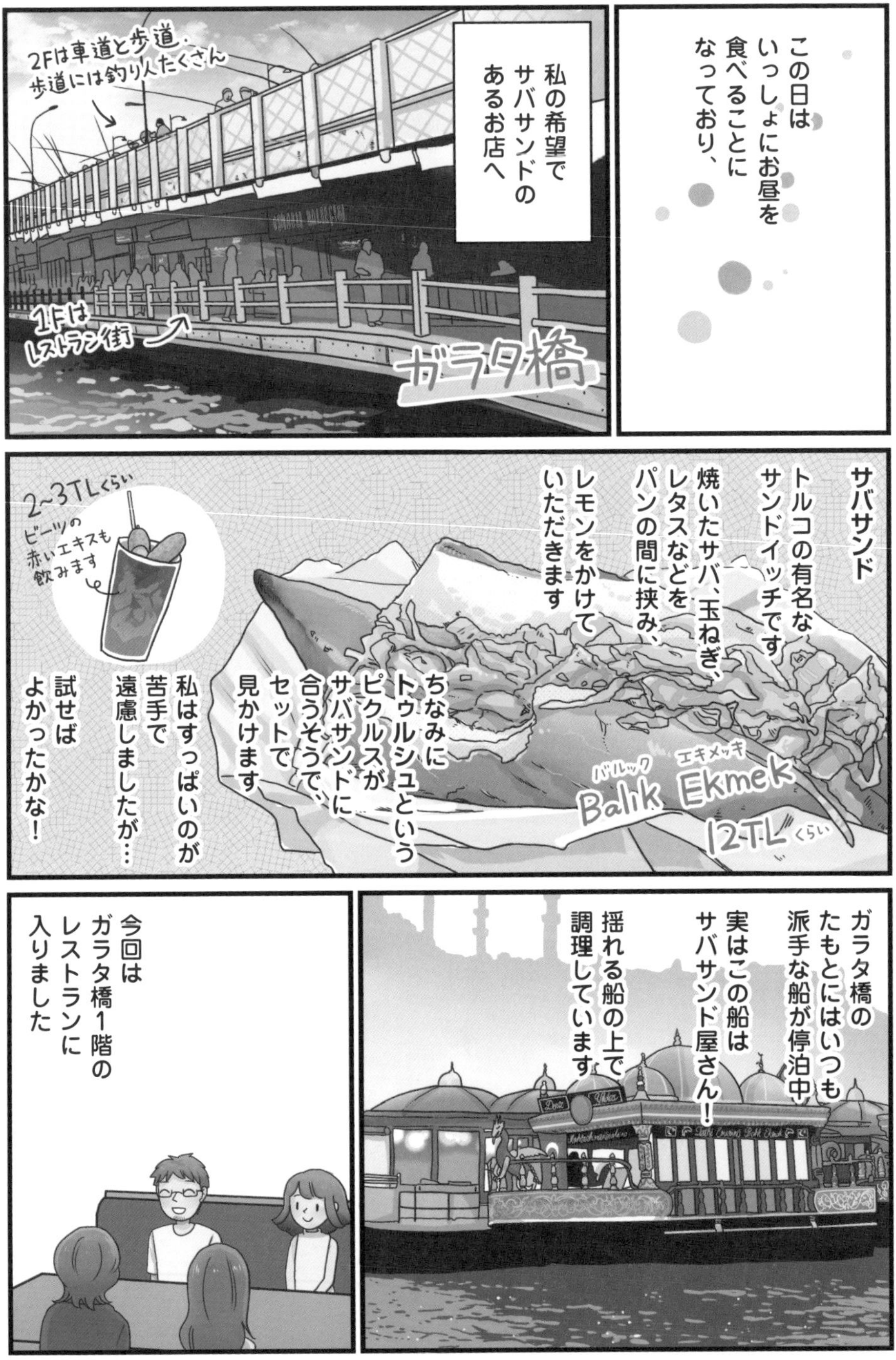

この日は
いっしょにお昼を
食べることに
なっており、
私の希望で
サバサンドの
あるお店へ
2Fは車道と歩道、
歩道には釣り人たくさん
1Fは
レストラン街
ガラタ橋
サバサンド
トルコの有名な
サンドイッチです
焼いたサバ、玉ねぎ、
レタスなどを
パンの間に挟み、
レモンをかけて
いただきます
Balik《バルック》 Ekmek《エキメッキ》
12TLくらい
2~3TLくらい
ビーツの
赤いエキスも
飲みます
ちなみに
トゥルシュという
ピクルスが
サバサンドに
合うそうで、
セットで
見かけます
私はすっぱいのが
苦手で
遠慮しましたが…
試せば
よかったかな!
ガラタ橋の
たもとにはいつも
派手な船が停泊中
実はこの船は
サバサンド屋さん!
揺れる船の上で
調理しています
今回は
ガラタ橋1階の
レストランに
入りました

ババーン
人生初のサバサンド
これが噂の…ガイドブックで見た通り！
ツナのようにほぐさず、魚を丸ごとパンに挟む…
というのが新鮮でした
カシャ
カシャ
思ったよりパンが固くないし、レモンがサッパリさせてくれる
サバってパンにも合うんやなぁ
デュリュムのサバサンドもあるんですよ

食後は公園をブラブラ
休憩している家族連れや観光客、ランニングしている人たちで賑わっていました
ギュルハネ公園
かつてはトプカプ宮殿の一部でしたが、1912年から一般に開放されている大きな公園です
春・夏は手入れの行き届いた花壇が特に美しく…
顔出しパネルのように顔と手を出して写真を撮るようです。
あちこちにありました
150cmくらい…？結構大きい
初代大統領ムスタファ・ケマル・アタテュルクの像
秋・冬も紅葉した樹々が目を楽しませてくれる憩いの場です
ところでシマイちゃんってめっちゃカワイイお名前
ありがとう
日本語には同じ発音の単語があって、
意味は「姉妹」です
本当!? シマイにピッタリだね！

※正確には「セミフ」かと思いますが、「フ」の音がほぼ聞こえないのでセミと呼んでいました

母さんはコーヒー占いが得意なんだよ!
ジャーーン!
そうなの、よく当たるんです
ええっ
ぜひとも占ってください!!
ラッキー!!
「じゃあそこのカフェに入りましょう」って母さんが
こうしてトルココーヒーとコーヒー占い、一度に両方を体験できることになりました
コーヒー占い
トルココーヒーは上澄みを飲むとカップの底にコーヒーの粉が溜まります
飲み終えたカップを逆さにしてソーサーに置き、しばらく待つと…
垂れたコーヒーによって図形が描かれます
その模様を見て占います
パカッ
一般的には家族や友人同士で気軽に占い合うものです

お味の方は…
舌触りが楽しいし、美味しい！って思えるレベルの苦味
デミタスのカップなのですぐ飲み終えてしまいます
ドロッ
見た目は濃厚なココアっぽいけど
底にたまっているのは…ど、ど、
泥…
いやそんな失礼なことは言うまい
底の粉、かんぺき泥だよね〜
同じこと思ってた
甘いコーヒーしか飲めない方には苦味が強いかもしれません
私はブラックコーヒーが飲めるのでおいしくいただけました
コーヒーを飲み終えたらいよいよ占いの始まりです

カップが冷え、底の粉が垂れるまで待ちます
……
＝〜◆
＠＃＆
「見てみましょう」
ふむふむ
ドキドキ
％＄※、
◎△■〜
ペラ
ペラ
タマム
タマム
「物事に進展がありそう。ここにウエディングドレスが見えるので…
ステキな結婚につながりますよ」
って
ドレスのように見えなくもないもよう
ヤッタ〜〜〜

お母さんは
模様を見ながら
アドバイスをくれ、
良い結果を
喜んでくれました
セミたちと
直接話すのは
今日が初めてです
お互い写真でしか
顔を見たことが
ありませんでした
それでもコーヒー一杯で
こんなに楽しく
盛り上がれるなんて…
お喋りして
相手のことを知り、
言葉を贈る
コーヒー占いは
おいしくて優秀な
コミュニケーション
ツールやなぁ
この占いは
占い結果を
真剣に捉えるべき…
というより、
お喋りを
ワイワイと楽しむ
意味合いの方が
強いです
ちなみに…新市街の
「ベイオール地区」には
コーヒー占いのカフェが多くあります
記念に
占ってもらうと
いい思い出に
なるかもしれません

【トルココーヒーでコミュニケーション：終】

イスタンブールでは何をさしおいても、有名な屋内市場グランドバザールへ行く！
グランドバザール
トルコでは「カパル チャルシュ」と呼ばれます。「屋根付きの市場」の意味です
渡航前からそう意気込んでいたものの
見るべきものや行くべき場所が盛りだくさんのイスタンブール
昨日見かけたお店行ってみよ
小さいバザールもあったな
あのおじさん今日もいるかな
ザクロのお茶買っとこか
過ごすうちに見たいもの食べたいもの、会いたい人が増え…
グランドバザールを訪れることができたのは
トルコ滞在の最終日でした
グランドバザールで、レッツお買い物！

グランドバザール
世界最古で
中東最大規模の
巨大屋内市場です
1461年
メフメト2世に
よって作られました
店舗数はなんと
5000近くあるとか！
DON'T GET LOST and FIND YOUR LOCATION ON THE MAP
観光地化されているので
価格設定は少し高め、
地元の方が日々の
買い物に来る所では
ありません
高めとはいえ、
よそで買うのと
価格に大きな差は
ないように
感じました
1TL
貴金属、衣類、布地、
絵皿、おみやげもの、
革製品…
膨大な量の商品から
お気に入りを
探せるので、
お買い物には
うってつけの
場所です
グランドバザール
以外の
安いお店を探し回る
時間を思うと、
「多少高くても
気に入った物は
ここでお買い物
するのがお得かな」
と…
値段にこだわるなら
カッパドキアなど、
都市部以外の方が
安く買えます
バザール内に
カフェも
あります
旅行者は時間が
限られていますし、
観光とお買い物が
同時にできると
嬉しいですね

さて
この巨大市場、
中を進んでゆくと…
どうぞー
いらっしゃい!
日本人お客さん
見ていってー
コンニチワ!
ニーハオ!
アンニョンハセヨ!
↑手あたり次第
わー
メルハバ
これ見て〜
安いよー
こにちは!
おいしいよ〜
ハァーイ!
かわいいランプあるよ〜
ジャパン? コリア?
わい
わい
あ…
足を止めると
店員さんたちに
囲まれる!
ような気がする!
きれいキリム
あるよ〜
小走り
どうぞ〜
ランプあるよ〜
別に怖がる
ようなことでは
ないものの
いらっしゃ〜〜い
日本人〜〜〜!!
ヒュ…
四方八方からの
積極的すぎる
声掛けにビビって
しまいました
ちょっと
人の少ない
エリアまで来た
ハァー
一息っ…

メルハバ！
こんにちは！
ぬっ
わぁ
ビックリした
ひとり？観光？東京？大阪？
イスタンブールは初めて？
よかったらうちの店見ていってね
ペラ ペラ ペラ ペラ
あ、う、うん
うん、はい
完全に気圧され
アアッ
そうだシシャモ!!
シシャモ知ってるよね、@※♫
（聞き取れなかった）
ここだけ日本語
今さ、オレのイトコが昼飯食ってるから会ってってよ
えっ。。。
おーい
ウミット！
この子、日本から来たんだって
シャッ
なんでシシャモ？
私に言った？
のかな？
おおっ
やぁ！
ネットで「トルコ」「シシャモ」「グランドバザール」と検索をかけると、

「シシャモと呼ばれた」という日本の方のお話がいくつかヒットしました
小柄な方がそう呼ばれるのかも？
ということでしたが、私は170㎝近くあります…。
バザール内で色んな意味合いで広まり、単に「知っている日本語」として使っている人もいるのでしょうね
はじめまして！東京？大阪？
はじめまして
この一件で割と緊張が解けました
メルハバァ〜
めちゃめちゃ話しかけてくるけど、
とおせんぼするとか腕を掴むとかそういうのはない…
メルハバ！お客さんこれ見て〜
よしっ
欲しかったストール探してみよ！
メルハバ…
ストールや雑貨のあるお店に入ってみました
やあ！メルハバ
いらっしゃい！日本からかな？
全部ストール！

気になる商品を選ぶたび、店員さんはショールを広げて柄を見せてくれました
価格はピンキリです。
シルク、カシミヤ、パシュミナなど様々な物がありますが、定義が明確ではなく…
私は予算を伝えて商品を出してもらいました
こうやって巻くとおしゃれでしょ 他の巻き方も知りたい？
あとね、実は僕の奥さん日本人なんだ～ ミユキって名前だよ～
おお～～
色んな巻き方を教えてくれたり… どのお店でも、威圧的に「買え」と迫られることも 法外な値段をふっかけられることもなく 楽しくお買い物できました
ランプ、梱包してくれないお店もあります。
飛行機へは手荷物で機内持ち込みが安心かもしれません
でも、預け入れにしても割れたり欠けたりしていませんでした
陶器の小皿はちょっと欠けてた…
バザールではお買い物だけでなく、店員さんとのやり取りもぜひ楽しんでください！
(最初ビビってた私が言うのもなんですが)
GRAND BAZAR

帰国しました
ゴ〜〜
セニ
セヴィヨルム
ふーちゃあん
ぶちゅ
ぶちゅ
ぶちゅ
トルコ語で
アイラブユーの
イミです
キャ゚゚
キャ゚゚
はいっコレ
おみやげ！
お父さんは
ドライフルーツと
ナッツ好きやろ？
いっぱい食べてな
お母さんは
ストールと
バラの化粧品ね
ハイハイ、
どうもね
ドライフルーツ、
ナッツ
日本で買うより
安価で種類豊富です
特にレモンと
イチジクが
美味しかったです！
トルコはイチジクの
生産量が
世界一なのだとか
レモン
イチジク
アプリコット
ピスタチオ
ヘーゼルナッツ
バラの化粧品
ローゼンスという
シリーズの
100%天然成分の
ローズウォーターが
有名です
小さな
手の平サイズの
ハンドクリームは
約3〜400円で、
私はバラまき土産
にしました
Rosense
GULSUYU
ROSE WATER
どこのお土産物屋さんでも
見かけました。
スーパーにもアリ

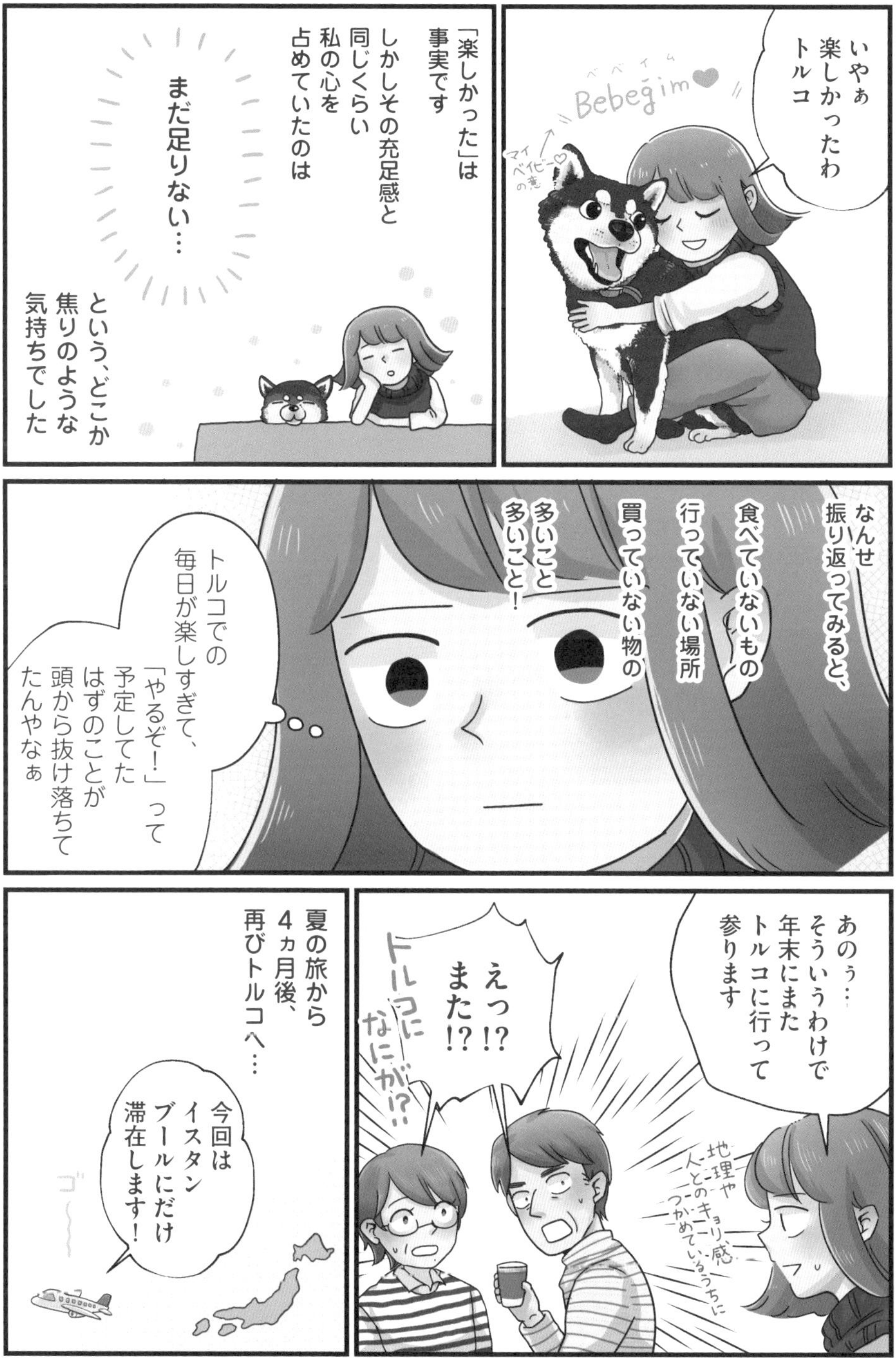
いやぁ楽しかったわトルコ
Bebegim《ベベイム》
マイベイビー♡の意
「楽しかった」は事実です
しかしその充足感と同じくらい私の心を占めていたのは
まだ足りない…
という、どこか焦りのような気持ちでした
なんせ振り返ってみると、食べていないもの行っていない場所買っていない物の多いこと多いこと！
トルコでの毎日が楽しすぎて、「やるぞ！」って予定してたはずのことが頭から抜け落ちてたんやなぁ
あのぅ…そういうわけで年末にまたトルコに行って参ります
えっ!? また!?
トルコになにが!?!!
地理や人とのキョリ感つかめているうちに
夏の旅から4ヵ月後、再びトルコへ…
今回はイスタンブールにだけ滞在します！
ゴ〜〜

【グランドバザールで、レッツお買い物！：終】

バザールでお買い物
これください
アリガト!! サンキュー!!
ジャパニーズ女優さん、今、ダレ人気?
ん～～
北川景子さんや綾瀬はるかさんですかね
あー、オーケイオーケイ
北川景子さんはTVでイスタンブール来られたそうで、一緒に写真撮ってもらってるおっちゃんもいました
ハッ…
あなた…もしかし…アヤセ・ハルカさん?
似ている…
露骨すぎるリップサービス!
アハハハハ
ユーアーアヤセ・ハルカ、アーンド…
アイムトルキッシュキムタク
フフフ…
オア福山雅治
ビッ
日本の流行や情報を仕入れて被露すると、お客さんが笑うので嬉しいそうです

イスタンブール編 冬

Istanbul -winter-

The story that all the Turks were kind

さむっ
パッパー
ブォオォ…
12月のイスタンブールは、東京・大阪とほぼ同じような寒さでした
やっぱり耳あてして出かけよ
息が白い〜
話すとめっちゃウケるトルコ語とは？
▽〜？ ＄％◎ （トルコ語）
「出かけるの？気を付けて」と、言ってくれているものと勝手に解釈しました
バトハンさん！はい、行ってきます
この方は滞在先のホテルで朝食を作ってくださるバトハンさん
毎朝、朝食や食材でトルコ語を教えてくれます
いつもニコニコ
Elma （リンゴ）
Ekmek （パン）
Çorba （スープ）
Su （お水）
まってメモするから

夏に帰国してからも自分なりにトルコ語の勉強を続けました
基本フレーズ丸暗記が中心ですが
積極的にコミュニケーションをとりたい！
と思えるほどトルコの人が魅力的だったのです
トルコ語
私は一応簡単な英語を話せますが
文法などきちんと守れていないなんちゃって英語です
理解しようとしてくれる人に感謝…
なので英語を上手に話す人たちには、私の下手な英語を聞かれることは実は少し恥ずかしいです…
英語
いつもは日本語で会話する、欧米の友人
では「下手なトルコ語をトルコの人に聞かれるのが恥ずかしいか？」
というと…
それが
こたえはNOです！
パパーーン

むしろ「私のトルコ語聞いて〜!」って思えるんですよね
そう思える理由はいくつかあり、
その中のひとつが
ちょっとトルコ語を話すだけで、ほぼ皆とてつもなく喜んでくれるから
です
というわけで、覚えたトルコ語を一部ご紹介します
その1
ベン
トルクチェ
チャルシュヨルム
ムズかしい発音しなくても、そのままカタカナ読みで通じました
「私はトルコ語を勉強しています」
という意味です
Ben
Türkçe
çalışıyorum
私→Ben
これは私にとって魔法の言葉のようでした
ナッツ屋さんにて
ギュナイドゥン
おはよう→

ギュナイドゥン
日本人だよね？「ギュナイドゥン」知ってるんだね！
嬉しいねぇー
エヴェト！（はい）
ベン トルクチェ チャルシュヨルム
ハキハキ！

こんな感じで周囲の方まで喜んでくれて、
わあっ
魔法のように一瞬で仲良くなれるのです
…さすがに紙吹雪は舞いませんが
ドカ～ン
その2 テシェッキュル エデリム
くだけた言い方の「Sag《サー》 ol《オル》」というのもあります
辞書にはこう記されていますが、実際は皆「サー」と「オル」をつなげて「Sagol」と表現する…とエミレが言ってました
トルコ語の「ありがとう」です
ちょっと長いな… ありがとうとテシェッキュルを関連付けて覚えるには…
ぶええっく
しょお～～い
あらあら
脳内トルコ人 メフメトおじさん(63)

おーい ティッシュくれ
ありがと
リジャー エデリム（どういたしまして）
ズビ ズビ
これで覚えました
テシェッキュル…と丁寧に発音しなくても、
みじかく
テシエクレ デリム！
で、通じます
その3 ベントクム
「ドイドゥム」というのも同じ意味ですが、私はセミに教わった「ベン トクム」を使っていました。
私たちはおなかいっぱい、なら複数形の「ビス トクス」。
「おなかいっぱい」です
メルハバ！ロクム好きか?
ナッツ入りのやつうまいぞ！
色んな所で毎日いただきました 飛行機でも…
はい、ザクロのお茶どうぞ！
干しメロン食べる？イチジクの方が好き？

お店の方がサービスでチャイを淹れてくださることはよくありますが、
全然知らない人がカフェでご馳走してくださろうとしたことも…
イスラム教では客人をもてなすことが重要なのだとか
行く先々で何かしらいただいてしまうので、トルコではあまりおなかがすきませんでした
観光地のレストラン街では、
おっ！ハーイ！
トルコやヨーロッパでは仕事中にスマホ触ってるの、割とフツーです おかし食べてることも…
お店の人が「ウチおいしいよ！」と声をかけてきます
ぜひ食べていってよ！
ねえお客さん、ウチのトルコ料理おいしいよね!?
イエス！おいしいよ
menu
テシェクレデリム！でもすみません、
ベントクム
Ben tokum

そうか…じゃあお茶だけでも、
…ってあれ？今トルコ語話したよね!?
ベントルクチェチャルシュヨルム
ウフフ…
オハコにして最大の見せ場
ワーオ!!
♫▽※◎■？
（怒涛のトルコ語）（なぜ勉強しているんだ、とか言ってるっぽい）
すみませんわかりません、アイムアビギナー！ゾール　ゾール
ゾール（zor）＝むずかしい
ごめんごめん、トルコ語話してくれるのが嬉しくて…
こんな反応されたら、
もっとトルコ語覚えちゃお！
ほめられたいし、
よろこばせたい
ってなりませんか？私はなります！
その他よく使った言葉として…
チョクギュゼル！（めっちゃええやん）
「チョッギュゼゥ」と聞こえます
キレイな景色、人、物、美味しい料理…など、褒める時に使えます
おいしい→Lezzetli《レゼットゥリ》 でもok.
「チョク」は「Çok」と書き、
とても、めっちゃ、など「意味を強調するもの」です。
チョクレゼットゥリ→めっちゃおいしい！
こちらが少しトルコ語を話すとわかると、お店の人がリップサービスで言ってくれることも
そのスカーフ似合ってるよ！チョッギュゼゥ！

今回は新たなトルコ語を覚えてきたので、
もう少し楽しく会話を広げられるかも、とワクワクしています！
また誰かと仲良くなれるかな〜
道にイスを置いてお店番しているおじさん（よくいる）
…ですが
おはよーっ！
寒くなーい？それ、耳のやつかわいいね〜！
バリバリ日本語
あ…ありがとー！おじさんもかわいい帽子！
観光地だと、日本語だけでも結構コミュニケーションとれちゃったりします…

【話すとめっちゃウケるトルコ語とは?：終】

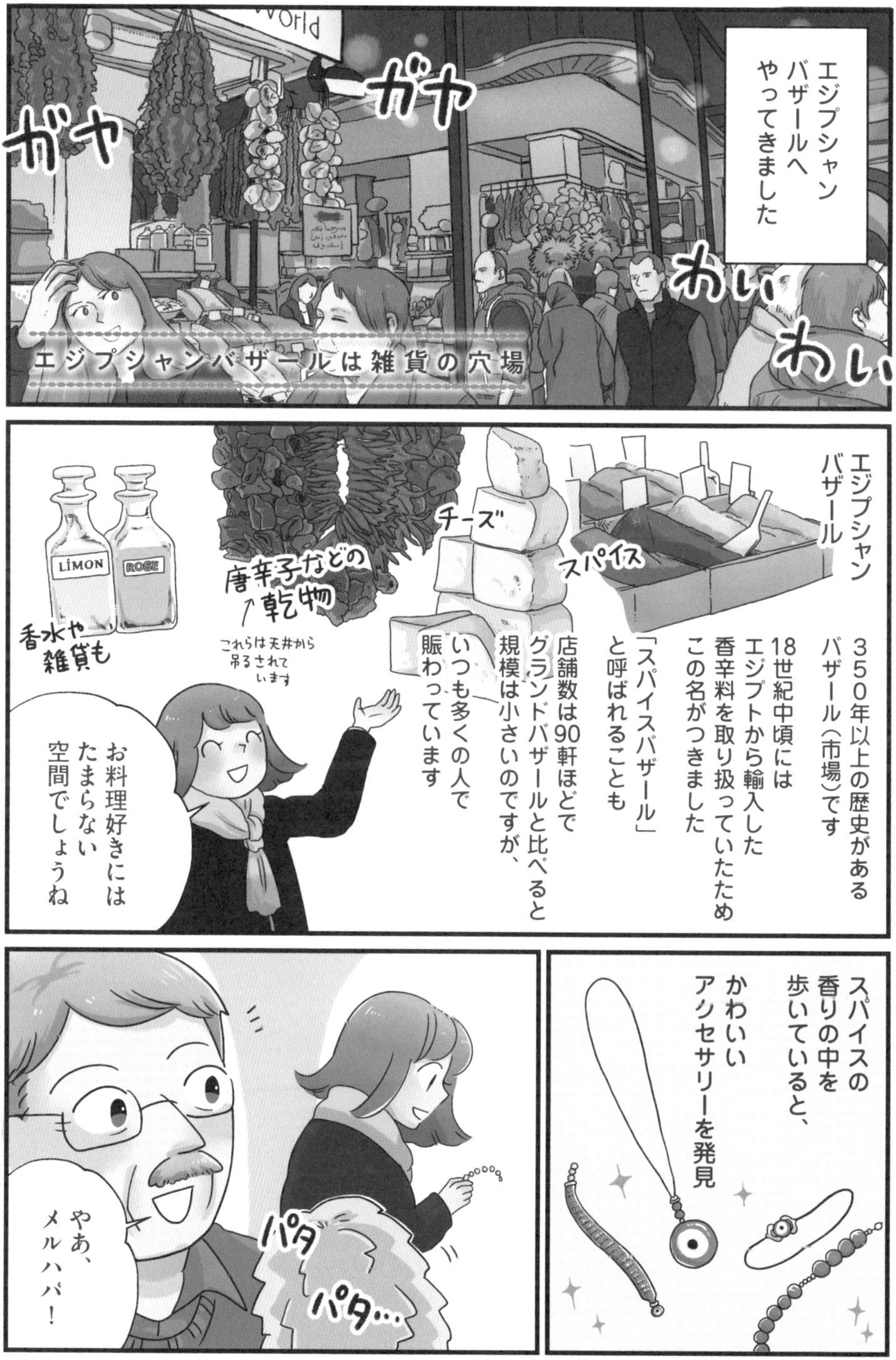
エジプシャン
バザールへ
やってきました
わいわい
ガヤガヤ
エジプシャンバザールは雑貨の穴場
エジプシャンバザール
350年以上の歴史がある
バザール（市場）です
18世紀中頃には
エジプトから輸入した
香辛料を取り扱っていたため
この名がつきました
「スパイスバザール」
と呼ばれることも
店舗数は90軒ほどで
グランドバザールと比べると
規模は小さいのですが、
いつも多くの人で
賑わっています
スパイス
チーズ
唐辛子などの乾物
これらは天井から吊るされています
LIMON
ROSE
香水や雑貨も
お料理好きには たまらない 空間でしょうね
スパイスの
香りの中を
歩いていると、
かわいい
アクセサリーを発見
パタ
パタ…
やあ、メルハバ！

周囲のお店の店員さんたちも集まり、みんなで立ち話（仕事は？）
よろしく〜
日本から来ましたレナです
私、ブレスレットが欲しくて…
どれ買うか選びますね
3tl~
ほいほい！ゆっくり見とくれ
おじさんたちに背を向け、商品を見ていると…
ダダダダッ
!?
足の甲に衝撃が！
今なんか足の上通った!!
わたわた
ネズミじゃ
レナの足の上をネズミが走りおった
えぇっ
うそやんネズミ!?

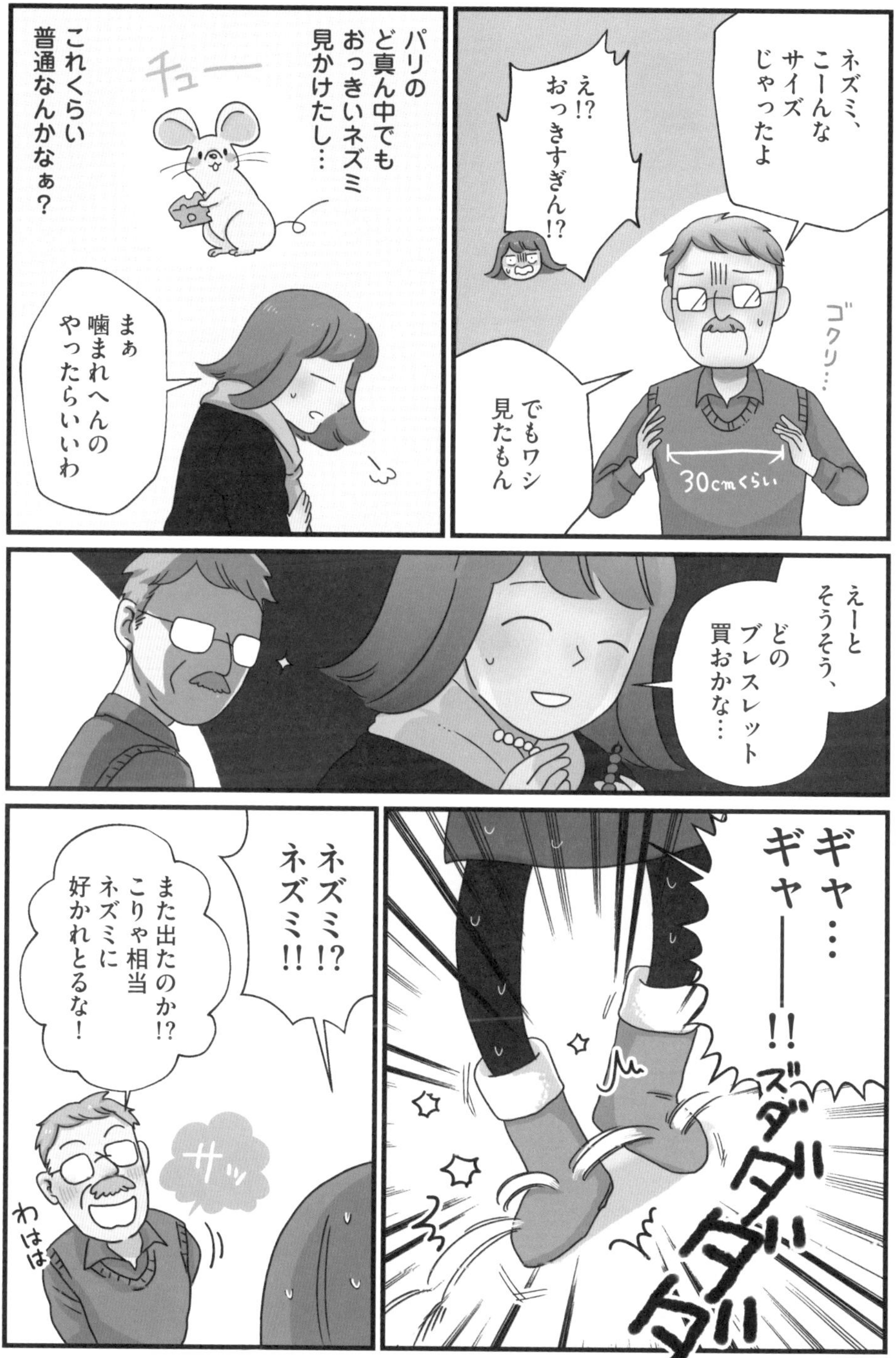
ネズミ、こーんなサイズじゃったよ
え!? おっきすぎん!?
ゴクリ…
でもワシ見たもん
30cmくらい
パリのど真ん中でもおっきいネズミ見かけたし…
チュー
これくらい普通なんかなぁ?
まぁ噛まれへんのやったらいいわ
えーとそうそう、どのブレスレット買おかな…
ギャ…ギャーー!!
ズダダダダ
ネズミ!? ネズミ!!
また出たのか!? こりゃ相当ネズミに好かれとるな!
サッ
わはは

おかしない？
わざわざ
足の上…
「ザッ」？
ハタキ
おっちゃんの
仕業やん!!
バレた～
アーッハハハ
ハハハハハ!!
ハタキで
ダダダッと足を
叩いてただけ
ダダダ
遊び心があって
楽しい
おっちゃんたちです
ブレスレットは
こんなのを
たくさん買いました
よく付いてるラッキーモチーフ
ファトマの手
ザクロ
コイン
チューリップ
1つ 50～150円くらい
ちゃんとしたのが欲しい人は
貴金属屋さんへ
いくつか
そのままください、
今つけます
OK!

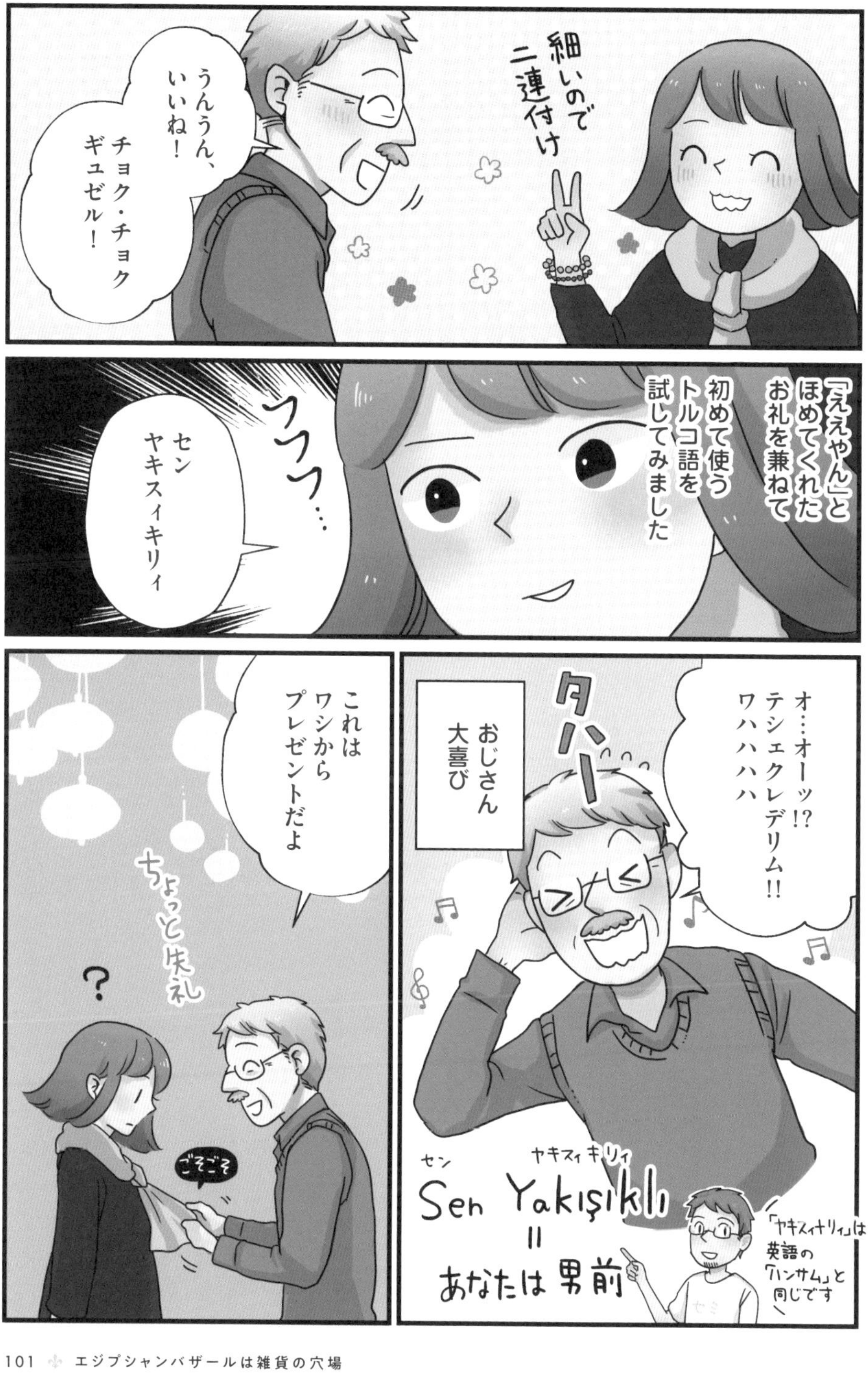
細いので二連付け
うんうん、いいね！ チョク・チョク ギュゼル！
「ええやん」と ほめてくれた お礼を兼ねて 初めて使う トルコ語を 試してみました
フフフ…
セン ヤキスィキリィ
オ…オーッ!? テシエクレデリム!! ワハハハハ
タハー
おじさん 大喜び
Sen《セン》 Yakışıklı《ヤキスィキリィ》
＝
あなたは男前
「ヤキスィナリィ」は 英語の 「ハンサム」と 同じです
これは ワシから プレゼントだよ
ちょっと失礼
？
ごそごそ

ストールに
つけてくれたのは
小さなハートが
ついたピン
1cmくらい
ちみっこい
かわいい！
でもこれ
売り物の…
ええから
ええから
これは
お守りじゃ、
不運を退けて
くれるよ
コレです
ハート型の
ナザール・
ボンジュウ
素敵ですね
なんとっ
素晴らしい！
ナザール・
ボンジュウを
知っているとは！
ガイドブックにのっているのでトルコ行く人は皆知ってます
ナザール・
ボンジュウ
青いガラスに
水色と白色で
目玉を描いた
お守りです
人からの嫉妬や
よくない感情、
災いを
跳ね返すとされ
壁に掛けたり
ブローチとして
身につけたり…
トルコに行くと
必ず目にします
サイズは
大小さまざま
ギリシャや
ヨーロッパにも
あるよ
イーブル・アイ
っていう
呼び方が
一般的かな
ヨーロッパ育ち、
両親がギリシャ人の友人

おっちゃんと別れたあと、人だかりを発見
わい
わい
わい
台にカラフルな石鹸が積まれ、実演販売のような雰囲気
背後には本店らしきお店があり
スキンケア用品を取り扱っているようです
Arap Yasemini
Türk Gülü
Argan
Greyfurt
接客しているおじいさんはトルコの帽子を被っていて…
男性用の帽子「フェズ」という名です
かっ…かわいい
写真撮らせてほしいな…お願いしたいけどじゃましたらあかんし
うろ
うろ
「写真撮ろか?」と、言って下さったようなので
@＊～、＃◎▽

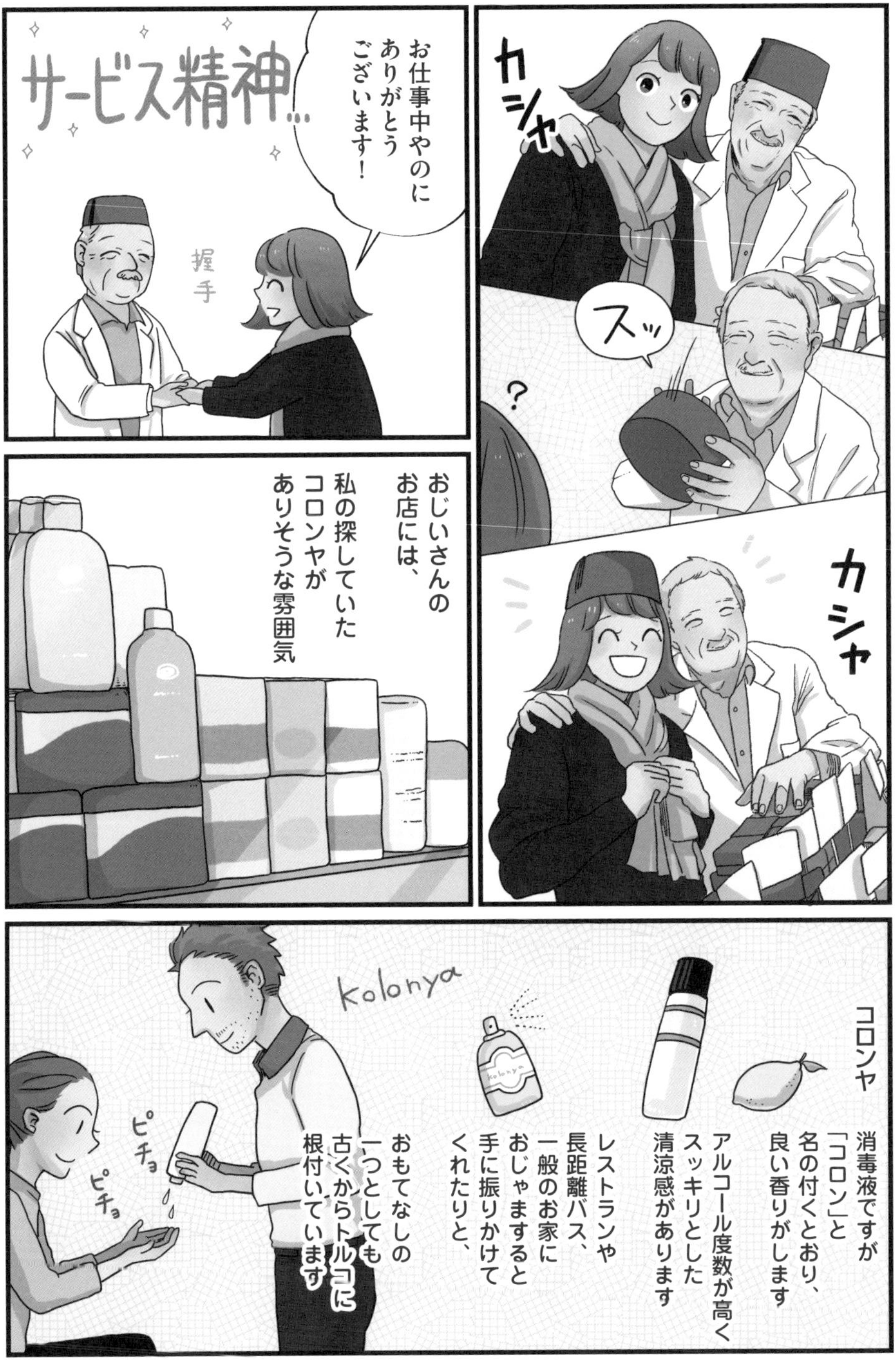

カシャ
スッ
?
カシャ
お仕事中やのにありがとうございます！
サービス精神…
握手
おじいさんのお店には、私の探していたコロンヤがありそうな雰囲気
コロンヤ
消毒液ですが「コロン」と名の付くとおり、良い香りがします
アルコール度数が高くスッキリとした清涼感があります
レストランや長距離バス、一般のお家におじゃますると手に振りかけてくれたりと、
おもてなしの一つとしても古くからトルコに根付いています
kolonya
kolonya
ピチョ
ピチョ

こんにちはー
コロンヤありますか？
ありますよ！香りはバラとレモンです
両方試してみてください
お店やメーカーによってはラベンダーやライムなど、
様々な香りのものがあります
旅行前に知った情報では「コロンヤはどこにでもある、スーパーでも買える」とされていたのに、
夏に探した時はどこにもなくて…買えなかったのです
レモンのください！
飛行機で使ってからレモンって決めてたんです
ターキッシュ・エアラインズのお手洗いにありました
オーソドックスで一番人気ですからね
他におすすめありますか？
そうですねぇ、香水・オイル・美容マスク…
んーと
お兄さんはアラブの出身。接客しながらアラビア語教えてくれました
あっ！このローズウォーターなんてどうです
ROSE

肌に塗ってもいいけど
成分は完全に天然の物だから、
キュポッ
ホラ、飲めちゃう!
ピューーッ
ゴクゴク
あっ…あ——!?
オリーブオイルみたいな感じ…?飲んでもいいんだ!?
「化粧品」はダメだけど
これは平気ですよ!飲んでごらんよ
中東ではローズウォーターを料理に使い、お米を炊く際に加えることも
バラの効能は抗炎症作用、美肌効果などだけでなく
飲用することで消化器系を助けたり体臭・口臭ケアもできるそうです
指につけてなめてみた
ペロッ
うん…バラの味
買い物するだけで驚かされるのってトルコが初めてかも
バイバイ〜!

【エジプシャンバザールは雑貨の穴場：終】

イスタンブールには
たくさんの
野良猫がいます
売り物《キリム》の上で
お昼寝するネコちゃん
猫や犬でつながる人の輪、世界の輪
私が毎朝、猫と
ふれあいに行った
公園では
誰かが必ず
エサやりを
していました
近くのお店の人も
お掃除の人も、
誰も怒らなければ
注意もしません
娘さんのオヤツであり
ネコのエサでもあった
ベビーカー
ここでは
そういうもの
なんですね
君もエサ
やるかい?
やりたい
です!
野良犬(大型犬)
もいます
僕にも
ください
みんな耳に
タグがついています。
ワクチン接種済み
などの証です
ニャ〜〜ッ

イスラム教では
「犬は不浄」
とされています
（狂犬病が
恐れられていた）
犬を飼う人は
いないのか、
とエミレに
聞いたところ
「お祈りの時
床が汚れていたら
困るから飼わない」
ていう人は
いるね
みんながみんな
飼わない
わけではなく、
散歩中の小型犬は
度々見かけました
猫はというと
「神聖な動物」です
預言者ムハンマドが
猫好きであったため、
という説も有名です
比較的
可愛がられてるから
人懐っこい子が
多いんかな？
暖をとりに
集まるネコたち
よじのぼってくる
私のカバン
ぬくいらしい…
おはよう、
今日も
来たんだ
タタタッ
おっ、
おはよう〜

はい、ホットコーヒー
待って待って今日こそお金払います
いいって言ってるじゃん
ごそ
ごそ
この男の子はマムーくん
プスプス
ネコに呼びかける時、「プスプス」と空気音を出します
17才くらいかな？
公園にある売店で働いています
コリャマムー！仕事せんかー
ヤベ、じいちゃんだ
顔を合わせるうちに仲良くなり、
毎朝コーヒーをいれてくれるように
NESCAFE ÇAY
SOSISLİ
トルコの気のいい人たちに慣れてきてるけど、コーヒーただで振る舞ってくれるとか…普通ありえへんからな
これ絶対おじいちゃんにナイショでいれてくれてるやん
申し訳ないので飲み物や夜食はこのお店で買っていました

あ、そうだ 見てよコレ
ごそごそ
昨日、いつものようにコーヒーを淹れてくれたので
日本からのおみやげ「手ぬぐい」をプレゼントしていたのです
ややパリッとした素材
これ よかったら
もらった スカーフ、気に入ったよ
襟の中に入れるとぬくい
スルッ
きっと タペストリーのように飾って使うだろうな、と思っていたので
いいやん！柄の出方も面白い！
うん、フジヤマがクールだ
首に巻いて使ってくれているのは意外でした
マー
あわわ

手ぬぐいに限らず、
日本のものを
「こう使って」と
伝えずに
プレゼントした方が
ぬく
ぬく
カバンは完全にお座布団にされた
先入観なく自由に
使い道を楽しんでくれる…
ということも、
あるのかも
しれませんね
さて、
そろそろ…
ぬっ
パシャ
パシャ
パシャ
パシャ
パシャ
パシャ

!?
ビクッ
ハロー！可愛いわね、あなたの猫？
ペラ
ペラ
私たちイラン人！
ペラ
一緒に写真撮りましょう
ペラペラ
パシャ
パシャ
パシャシャ
ペララ
日本人？観光客？ここで何してるの？
ペラ
パシャ
イランに来たことありますか？
いえ、ないです
とっても美しい所よ！料理もおいしいの
スカーフの上にファーの帽子
女性たちの持ち物は全部高級ブランド
なぜか興味をもたれたようで、全員と写真を撮りました
ちがう角度からも撮ってよ！
ハーイ
さわがしいニャ〜〜

私たちはイランでホテル経営をしています
これホテルの連絡先です
ウフフ〜
日本人のこと好きなのに、あまりイランにいないのよ
泊まりに来て来て！大歓迎だから！
寒空の下、20分ほどお喋りして別れました
バイバーイ！
私の思うイランは、
・敬虔なイスラム教徒の多い国
・砂漠と石油
・社会的に男性優位で、女性は控えめ？
OIL
これらは正否はともかく、メディアから得た知識を繋げてできた私の想像です
初めてイランの人と話したけど、
テンション高くてパワフルやなぁ

冒頭の犬の話ですが、はじめは
トルコ全土で犬は冷遇されてるんかな…
と、思いました
ネットの情報
けれども私が見た範囲では、犬も猫と同じように可愛がられていて…
みんな集まれ〜〜
勤務先のレストランからもらってきたお肉。
毎晩エサやりに来ている
野良犬野良猫のために毛布や寝床の提供をする取り組みもあります
他にも想像と少し違っていたことが
たとえばセミのご家族、イスラム教徒ですが
頭にスカーフを巻きませんし肌の露出も気にしていません
食べ物も何でも食べるそうです
トルコ人に親切な人が多いのは身をもって知りましたが、
誰もが愛想よく接してくださるわけではないし
アイランください
トン
……
無言
マムーのじいちゃん
drink
food

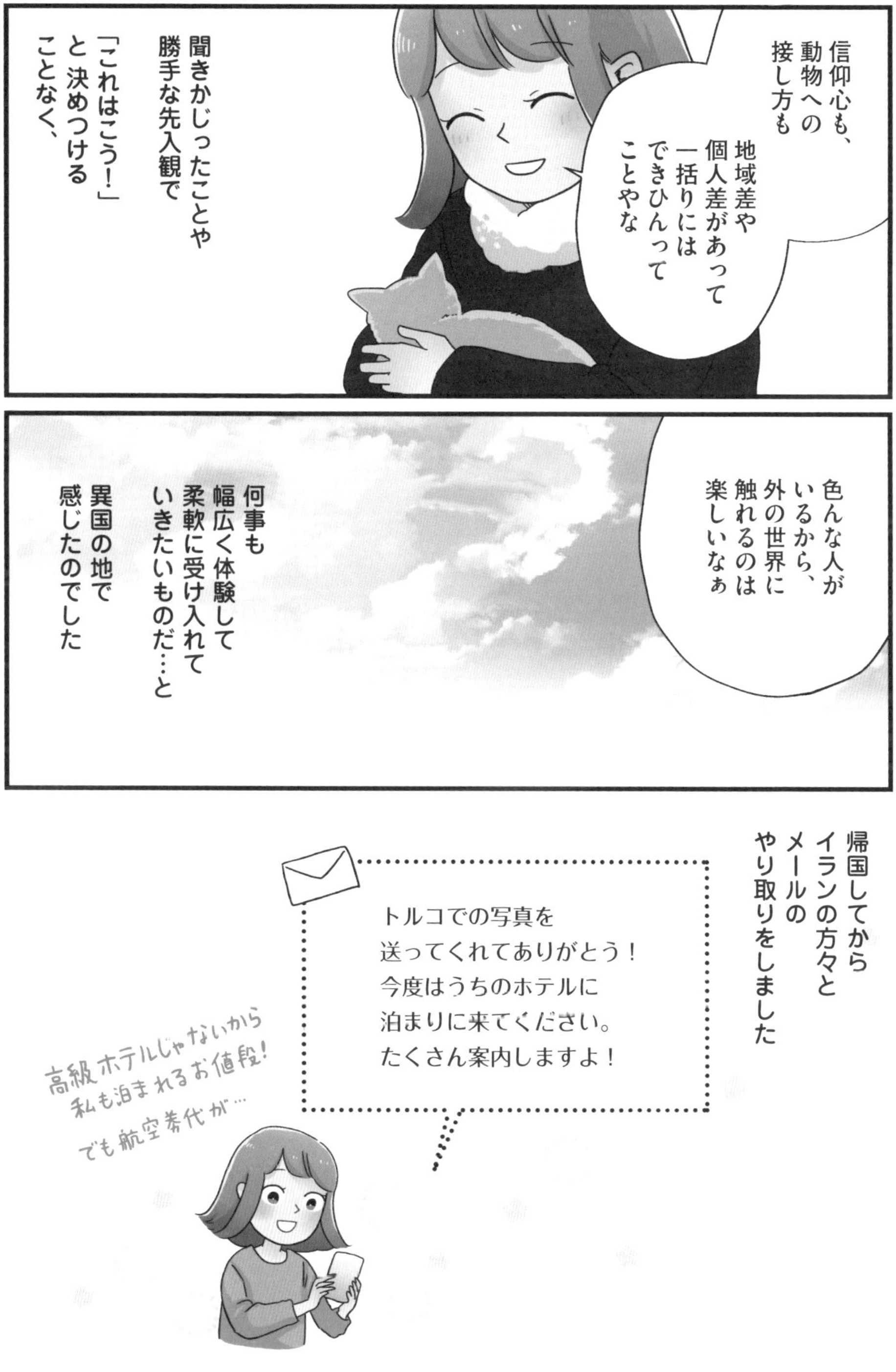
信仰心も、動物への接し方も
地域差や個人差があって一括りにはできひんってことやな
聞きかじったことや勝手な先入観で「これはこう！」と決めつけることなく、
色んな人がいるから、外の世界に触れるのは楽しいなぁ
何事も幅広く体験して柔軟に受け入れていきたいものだ…と異国の地で感じたのでした
帰国してからイランの方々とメールのやり取りをしました
トルコでの写真を送ってくれてありがとう！今度はうちのホテルに泊まりに来てください。たくさん案内しますよ！
高級ホテルじゃないから私も泊まれるお値段！
でも航空券代が…

【猫や犬でつながる人の輪、世界の輪：終】

甘い物大国の絶品スイーツたち
新市街
イスティクラル通り
地元の人から観光客まで多くの人々が集う繁華街です
「ノスタルジック・トラム」
1両だけで走ります
SHAKE SHACK
ガラタ塔近くのテュネル広場から新市街中心部のタクシム広場までの約1・5キロを指します
ブランドのお店や飲食店が立ち並ぶ歩行者天国です
タクシム広場
アガサクリスティが宿泊したペラ・パレスホテルもこの近くに
ガラタ塔
メインの通りから1本、道を奥に入ると…
WELCOME
そこにもたくさんおしゃれなカフェが
この辺りはヨーロッパの街並みのようです
我が物顔でカフェのソファでくつろぐネコちゃん

テラス席のあるかわいいカフェに入ってみました
アイスのせストラチと…サーレップください
ストラチ
SÜTLAÇ
やさしい甘みと柔らかい食感のライスプディングです
最初は「お米に牛乳…」とためらいましたが普段主食にしているお米の感じはなかったです
サーレップ
SALEP
仕上げのシナモン
寒い冬にうってつけ、トロっとした甘い飲み物です
ラン科の植物の球根（同じくサーレップという名前）をすりつぶし、ミルク、砂糖などと混ぜ合わせます
ついでにトルコアイス（ドンドゥルマ）
DONDURMA
トルコアイスがのびるのはサーレップの粉が使われているからです
屋台で買うとお客さんを楽しませる（からかうような?）パフォーマンスをしてくれます
この棒でアイスをこねたり伸ばしたり
ドン
あっ
ああっ
重ねて手渡されたコーンの1つ
なかなか買えない

私は甘いものが好きなのですが、ストラチとサーレップを同時にいただくのはちょっと甘すぎました
うーん
さすが甘い物大国トルコ
他にも食べたことのないものが
「キュネフェ」ってなんやろう？
ラマダンの時期に、って書いてある…
中にチーズが入ってるみたい
ダメ元で注文できるか聞いてみました
それ、うちではラマダンの間しか提供してないんですよ
残念…
ラマダン
イスラム教徒が約1ヵ月間、日の出から日没まで断食を行う期間のことです
病人や妊婦は行ってはいけません
イフタール
ラマダンの日没後の最初の食事を指します
断食が解かれるとみんなで集まり盛大に食事をします
KÜNEFE
カイマック クリーム状の乳製品。クロテッドクリームと似ている
カダイフ 小麦粉で作られた細ーい麺状の生地
シロップ漬け！中にはトロトロチーズ
キュネフェはイフタールでよく食べられるお菓子のようです

ところ
変わりまして
巨大ショッピング
センター
ジェヴァヒル
モール
イスラム教の国ですが
巨大なツリー
館内に入るには
空港と同じような
セキュリティ
チェックを受けます
雑貨屋さんには
サンタグッズが
所狭しと並んでいました
ここでは
クリスマスは
「新年にかけての
イベント」
という意味合いが
強いです
なので
年が明けても
クリスマスの
飾り付けが
そのまま町や店先に
飾られていることも
トルコでこんなに
クリスマス色が
強いのは
イスタンブール
だけです

このモールは
本当に大きく、
半日は余裕で
過ごせます
M
メトロのマークです。
モールへは地下鉄利用で
カンタンにアクセスできます
海外ブランドや
コスメのお店
ヴィクトリアズシークレットやMACの
(米ランジェリーショップ)
(カナダのコスメブランド)
ポスターや美容部員のお姉さんたち
露出おさえた服で観光している自分としては
「えっ大丈夫？」てなります
フードコート、
チョコレート屋さん、
ケーキ屋さん
インテリアの
お店
屋内の
ゲームコーナーには
フリーフォール
3Fくらいの
高さまで
上昇する
高っ
怖っっ
雰囲気は日本の
ショッピングモールと
変わらないので、
トルコらしさを
求めると少し
物足りない
かもしれません
でもとーっても
広くて楽しいです！

トルコで買い物といえば、バザールで
らっしゃい らっしゃい！
こんな観光客向けイメージが強かった私
私が今まで行かなかっただけで
こういうショッピングモールもそりゃあるよなぁ
休憩に入ったカフェのメニューがまた種類豊富でおいしそう…
ÇiLEKLi TART 8.00TL
ALMAN PASTASI 6.00TL
MiLFÖY 6.00TL
EKLER 6.00TL
ViŞNELi ÇiKOLATALI DiLiM PASTA 7.50TL
SALEPLi KAHVE 8.50TL
KARMELLi MACCHIATO 8.75TL
EKMEK KADAYIFI 7.50TL
SICAK ÇiKOLATA 8.00TL
ご注文は？
ケーキ食べようかな… いや今はいいや
このアイスコーヒーの上に生クリームのってるのください
そうして出てきたのがこちら
はい お待たせ～
ドーン

た…大量!!
日本だと2人分
デデーン!
チャイとかトルココーヒーは手の平サイズやのに
10cmくらい
6cmくらい
中腰
こんな大きいのが来るとは
せっかく旅行に来ているのだし…と
これとこれください!
これ何だろう？これもください
次々オーダーしてしまうと
うん、やっぱりどれも甘い
ミルクの甘みとチョコの甘みとシロップの甘みと粉砂糖の甘みと
ということになり兼ねません
食いしん坊の方はお気を付けを

【甘い物大国の絶品スイーツたち：終】

港町のはちみつヨーグルトとバラ1輪
ホテルのある旧市街から船に乗り、
今日はアジアサイドへ行ってみます
カモメにパンくずをやる親子
チャリラ〜
チャララ〜
チャリラ〜ン
日本語の歌〜〜〜♪

それ日本語の歌…
アッ
やっぱ日本人ですよね！
観光地のおっちゃん達はバンバン話しかけてくるので、控えめ〜にこちらの反応待ちしてくれるのは微笑ましかったです
そうかなって思って〜
この歌いいよね〜
さて、15分ほど経ちアジアサイドでは最もにぎわう港町「カドゥキョイ」に到着です
「köy《キョイ》」は「村」の意味です。オルタキョイ、カラキョイなどよく地名になっています
ハイダルパシャ駅
船からよく見える立派な駅舎は、トルコ国鉄アジアサイドの終着駅です。かつてはアンカラなどへの路線もありましたが、現在は廃止されています
車がたくさん走り、人はちょっと早歩きで…
ブォォ
プップー
誰も話しかけてこーへん！
ちょっと新鮮
ザワ
ザワ
どこに何があるのか…
治安はどうなんか…
知ってる町と比べると心細いな

…
どこを「知ってる町」て思ったんかというと…
ホテル周辺、旧市街やんな
わたし
の知っている町ランキング
★熟知…地元
★わかってきた…
イスタンブール旧市街
★ちょっとだけ知っている…
イスタンブール新市街
★全然知らない…ここ、カドゥキョイ
旧市街だってこの間まで「知らん町」やったけど
地理は覚えたし、顔見知りの店員さんも何人かできた
セリンちゃんは割とパリピ系
セリンちゃんの同僚 お母さんがロシア人
この町も
「ちょっとは知ってる町」
「また来たいと懐かしめる町」
になるといいな
それにはまず町歩き!

この港町で
私が一番
ワクワクしたのは、
八百屋さん
魚屋さん
パン屋さんなどが
密集する市場エリア
リュトフェン〜
EXTRA YEŞIL BIBERLİ ZEYTİN 20.00 ₺
XTRA SÜPER KIRMA DOMAT ZEYTİN 20.00 ₺
EDREMIT PEMBE ALYANAK ZEYTİN 20.00 ₺
とにかく
色彩があふれて
目が楽しい！
ブヌ
イスティヨルム！
（これください）
ネカダル？
（いくら？）
聞きなれない
言葉が
次々に響いて
耳にも楽しい！
ブュルン！
ブュルン
ブュルン！
地元の人が多く、
自分もここで
生活しているような
気分に浸れて
歩くのが楽しい！

リュトフェン…プリーズ、ください　ブュルン…いらっしゃい、どうぞ

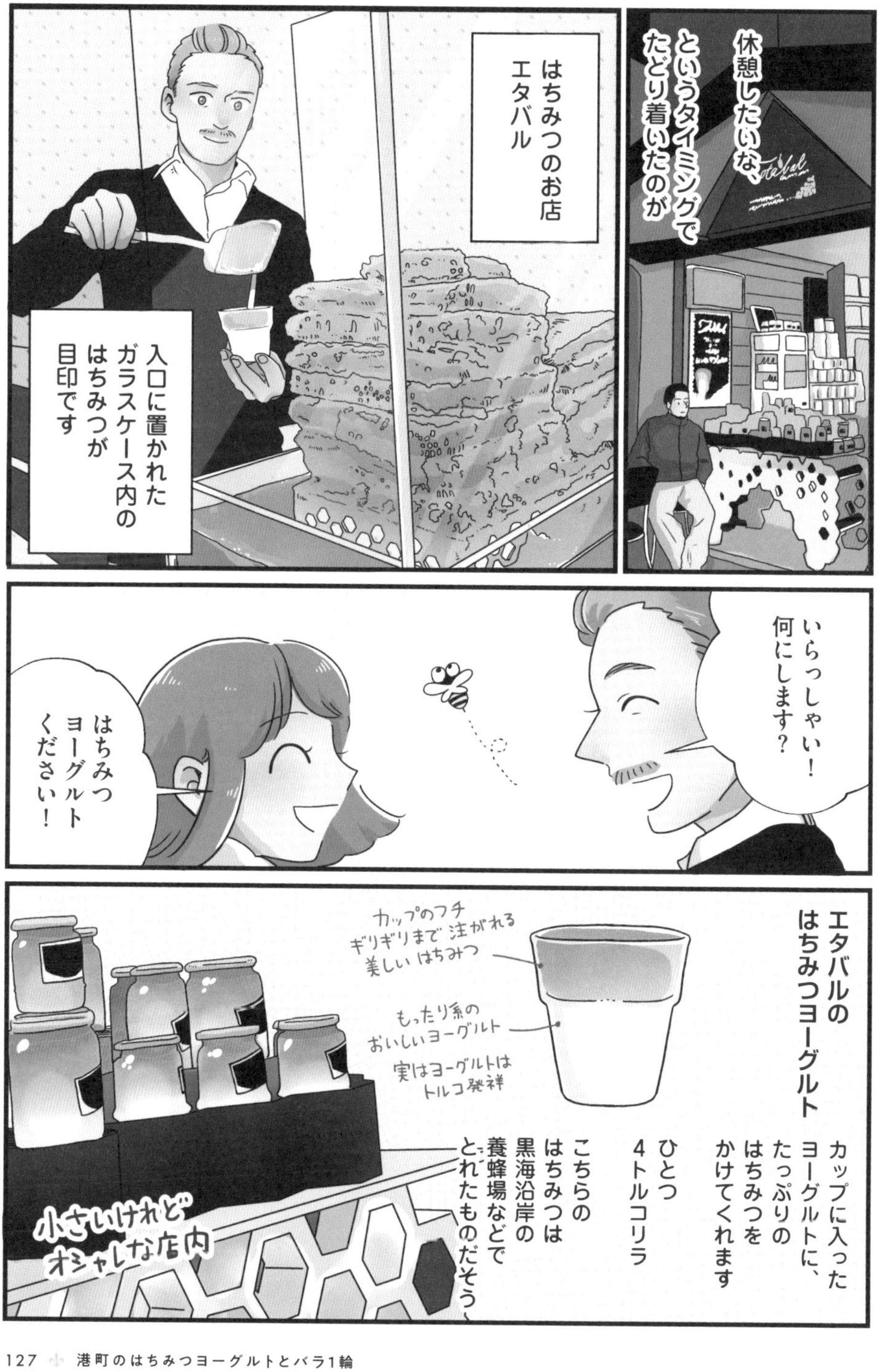
休憩したいな、
というタイミングで
たどり着いたのが
はちみつのお店
エタバル
入口に置かれた
ガラスケース内の
はちみつが
目印です
いらっしゃい！
何にします？
はちみつ
ヨーグルト
ください！
エタバルの
はちみつヨーグルト
カップに入った
ヨーグルトに、
たっぷりの
はちみつを
かけてくれます
ひとつ
4トルコリラ
こちらの
はちみつは
黒海沿岸の
養蜂場などで
とれたものだそう、
カップのフチ
ギリギリまで 注がれる
美しい はちみつ
もったり系の
おいしいヨーグルト
実はヨーグルトは
トルコ発祥
小さいけれど
オシャレな店内

お店の前の席についていただきます
琥珀色がキラキラして宝石みたい
先客（店員さんのお友達かな？）
まずははちみつだけ
ぱくっ
はわ…
食べたら食べた分だけ優しくなれる…そんな味…
せやろ
おみやげに買って帰りたいけど残念ながら予算オーバーやわ
うーむ
はい、チャイだよ
その時々によるようですが、大体1kg 5,000円くらいかな…高級はちみつは1万円以上します

チャイいれてくださったんですか
テシェクレデリム
リジャーエデリム（どういたしまして）
それと…
ひとつください
タマム！
どうぞ
バ…えっバラ!!
私に!?
ええっ
わはは
嬉しい！花瓶にいけて大事にしますね！
ヨーロッパでは時々、通りでバラを売るおじさんを見かけます
トルコでも同じなんですね

ヨーグルトしか注文してへんのに、こんな心に残るおもてなし…
これ店員さんのポケットマネー？経費から落ちるんかな？
やさしい〜
はちみつヨーグルト代から、チャイ代とバラ代を引く…
お店の売り上げは大丈夫ですか…!?
つい無粋なことを考えてしまう私
今度トルコに来たらあのお店ではちみつを買おう、と心に決め
また船に乗って旧市街まで帰ってきました
ゴォー…
きれいだねー、そのバラ本物？
ちょっと触らせて
ホテルまでの帰り道、なぜかやたらとバラに注目されました
そして世間話して去って行く

【港町のはちみつヨーグルトとバラ１輪：終】

その日
2度目のカドゥキョイで昼食をとっていました
ヨーグルトがけのお肉料理
メルジメッキチョルバス
(レンズ豆のスープ)
イチリキョフテ
(揚げ肉団子)
トルコの皆様、ありがとうございました
明日はついに帰国かぁ
もぐ
もぐ
自分の家が世界一好きな場所やけど…
もう少しトルコにいたいかも
旅程確認しとこ…えーと、深夜発の飛行機やんな
ペラ…
日本に着くのは日付が変わって…11日か
ほんで今日は10日、と
時差は-7時間
日本の方がトルコより7時間進んでいます

…お？
帰国したら日付が変わる…てコトは
トルコ スケジュール
帰るの今日やん？
ホテル
チェックアウト→11時
現在→12時
こんなミスをしたのははじめてで…
飛行機は間に合うけどチェックアウトの時間すぎてる！
ヒエー！！
どないしょーっっ
ホテルに電話したいけどトルコ語で何て言えば？
お会計
ワンリラ！
ワンリラ！
1リラを要求してくるこどもたち
ごめん今ムリ！
←乗船場
全力疾走とかこどもの時以来…
ハァ
ハァ
坂道キッツ…
ホテルまでダッシュ(?)

ホテル着
遅くなってごめんなさい
チェックアウトしなあかんのに勘違いしておりました
ゼハー
ゼハー
ゼハー
ああ、いいよ、大丈夫だよー
その節は申し訳ございませんでした
ハァ
ハァ
チェックアウトを済ませたら送迎の車が来てくれる夜まで自由時間です
フィー…
8時間くらいあるな…会える人にはお別れの挨拶して、近場で最後のお買い物でもしよう
セリンちゃんのお店
もう帰るの!?
バザールにてトルコランプ追加で購入
ランプは重くて、ビニール袋ではちょっとこころもとないので
エコバッグあると安心です
カフェのケーキで〆
ミックスフルーツケーキ
KARIŞIK MEYVELI PASTA
8TL
PASTAはケーキの意味です

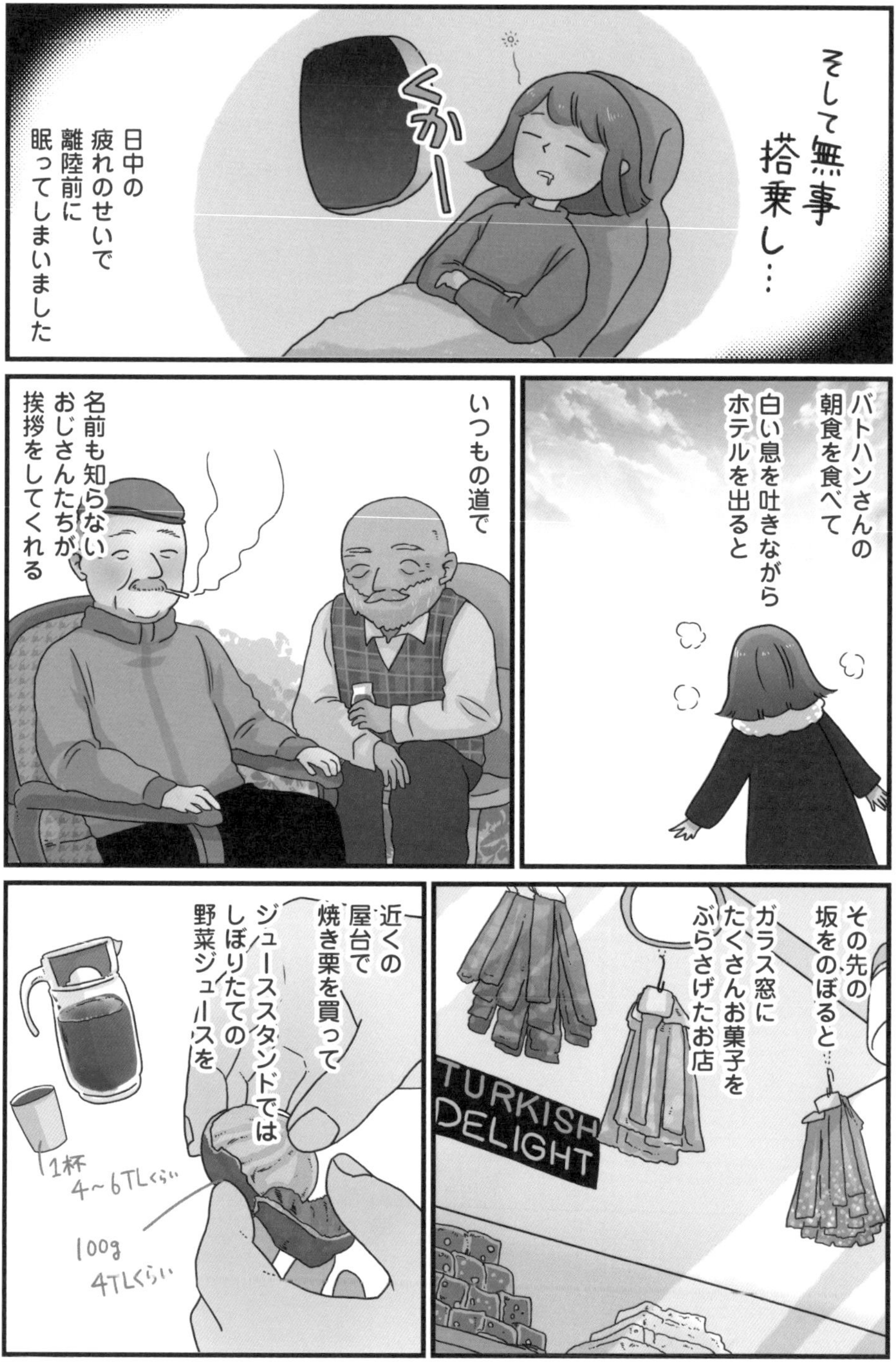
そして無事搭乗し…
くかー
日中の疲れのせいで離陸前に眠ってしまいました
バトハンさんの朝食を食べて白い息を吐きながらホテルを出ると
いつもの道で
名前も知らないおじさんたちが挨拶をしてくれる
その先の坂をのぼると…
ガラス窓にたくさんお菓子をぶらさげたお店
TURKISH DELIGHT
近くの屋台で焼き栗を買ってジューススタンドではしぼりたての野菜ジュースを
1杯 4~6TLくらい
100g 4TLくらい

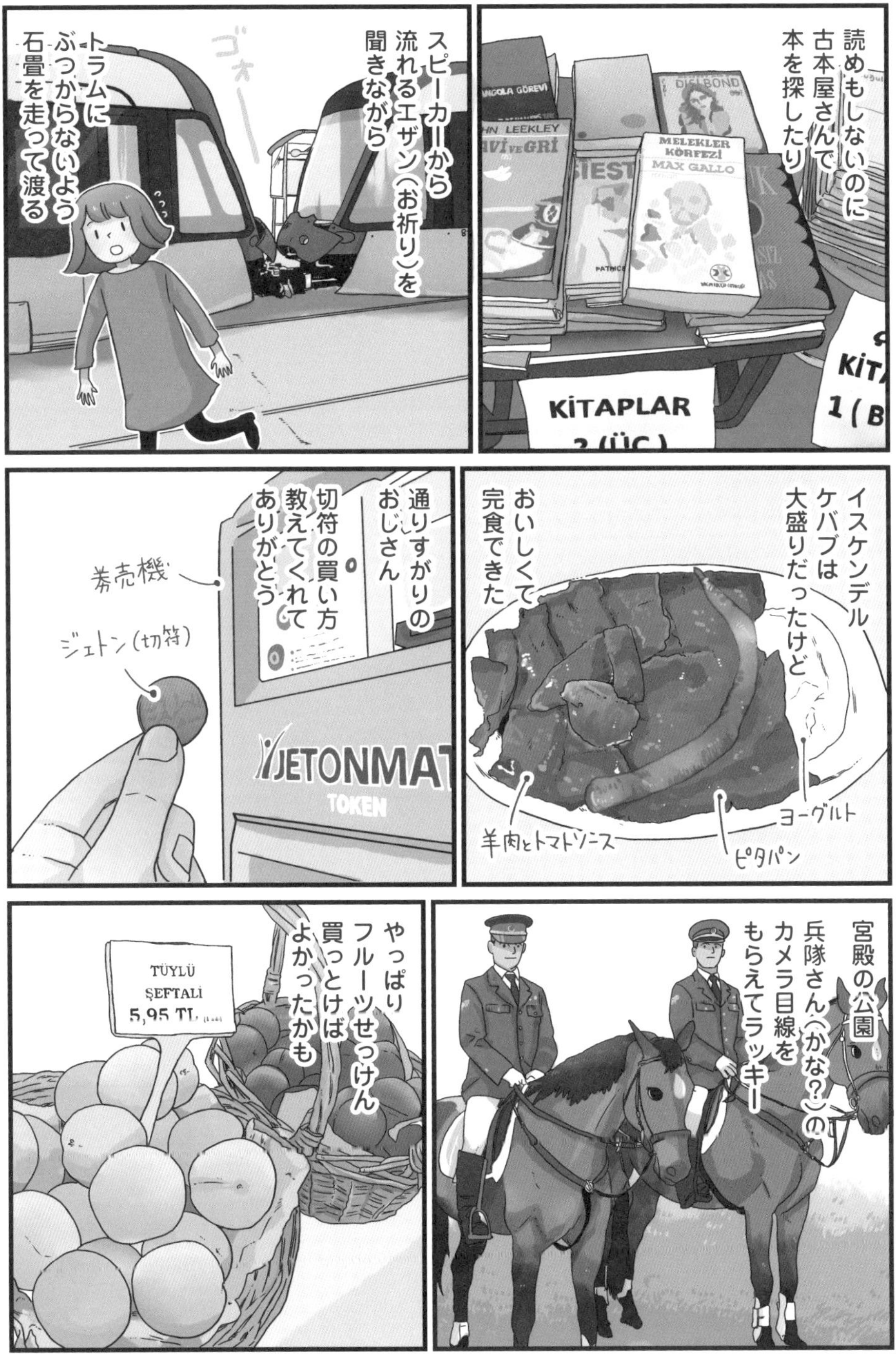
読めもしないのに
古本屋さんで
本を探したり
MELEKLER KÖRFEZİ
MAX GALLO
KİTAPLAR
スピーカーから
流れるエザン（お祈り）を
聞きながら
ゴォー
トラムに
ぶつからないよう
石畳を走って渡る
イスケンデル
ケバブは
大盛りだったけど
おいしくて
完食できた
羊肉とトマトソース
ピタパン
ヨーグルト
通りすがりの
おじさん
切符の買い方
教えてくれて
ありがとう
券売機
ジェトン（切符）
JETONMAT
TOKEN
宮殿の公園
兵隊さん（かな？）の
カメラ目線を
もらえてラッキー
やっぱり
フルーツせっけん
買っとけば
よかったかも
TÜYLÜ
ŞEFTALİ
5,95 TL

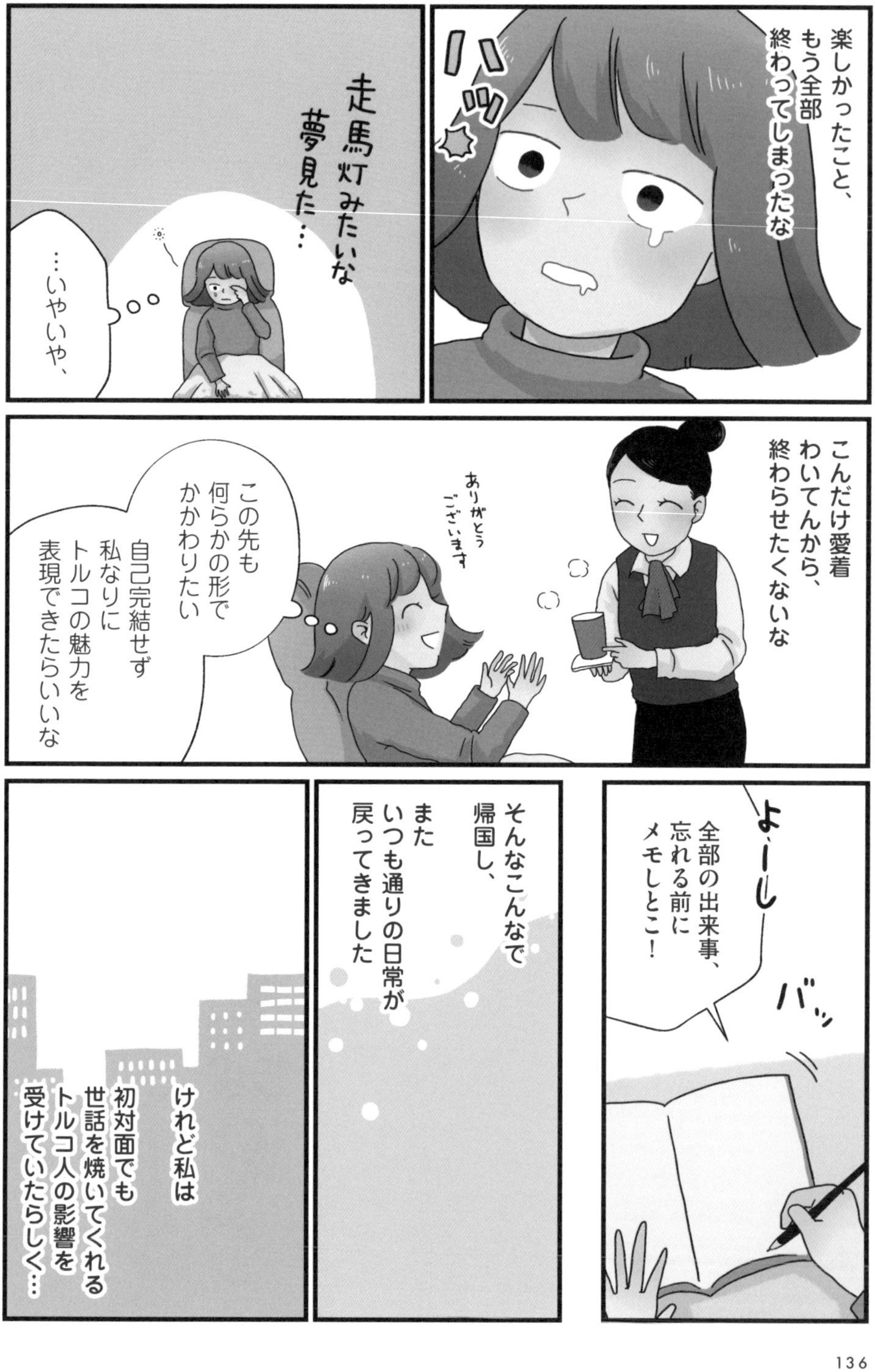

ハッ
楽しかったこと、もう全部終わってしまったな
走馬灯みたいな夢見た…
…いやいや、
こんだけ愛着わいてんから、終わらせたくないな
ありがとうございます
この先も何らかの形でかかわりたい
自己完結せず私なりにトルコの魅力を表現できたらいいな
よーし
全部の出来事、忘れる前にメモしとこ！
バッ
そんなこんなで帰国し、またいつも通りの日常が戻ってきました
けれど私は初対面でも世話を焼いてくれるトルコ人の影響を受けていたらしく…

大阪の本屋さんにて
?
大きいリュック…
ずっとキョロキョロしてる…観光客?手伝った方がいいかな
でも何語を話されるんかな
以前、何かの本か記事で
日本人は外国人とみるとすぐに英語で話そうとします
私は英語を話さないロシア人です
「何語を話すのか」確認せずに英語・英語で辟易しちゃいました
という意見を目にしたことを思い出し
話しかけること自体躊躇しました
容姿は欧米の方でも、
もしかしたら日本生まれ日本育ちの方かもしれないな…とか
でもさ、
トルコの人は言葉が通じなくてもすっ飛んで来て手伝ってくれたな
お手洗いの使い方を教えてくれたおばちゃん
ここにコイン入れるんですね

とりあえず何もしないよりはいいんとちゃうかな？
あの、何か探していますか？手伝いましょうか
日本語
アー、イゴ…イゴの本…ある、ですか？
イゴ？囲碁の本ですね！
実用書コーナー
そこにありますよ
囲碁とか将棋コーナー
困惑顔
？
アー…イゴです、イゴ…
えっ？囲碁じゃない…？
イゴ…エイゴ…
あっ

英語？
英語の本？
イングリッシュブック！
ハイ、エイゴの本
洋書か！
こういうこともありますが困っている観光客に声をかけられるようになりました
あっちにありましたよ
以前、私のフランス人の友人が…
僕が初めて日本に行った時ね、
文字は読めないし文化もマナーも違うし
バスひとつ乗れなくて…困ることがたくさんあったよ
「けれどいつもまわりの人が助けてくれた」
「日本人の親切さには本当に驚かされた」と彼は言います
だから僕もパリで困っている人を見かけたら、
すぐに助けてあげてるんだ

すっかり日本が好きになった彼は日本語を猛勉強して、
今は東京でバリバリ働いています
フランス魂だよ!
↑大和魂のアレンジらしい
帰国直後に再訪の予定をたてた国はトルコが初めてでした
旅マンガを描き始めたのもトルコ旅行がきっかけです
トルコでのこと聞いてほしくて…
人を思いやるやさしい気持ち、というのは
時には誰かの人生を変える力を持っているのかもしれませんね
いち観光客として私が出会ったのはトルコのほんの一部分やけど…
国はもちろん、人がほんまに魅力的やったな
旅先でこんなにたくさんの人とお喋りできたの初めてやもん

人懐っこくて
ちょっと
のんびりしていて
たまにスネたりも
するけど
世話焼きで
とてもやさしい
私に
関わってくれた
トルコのひとたち

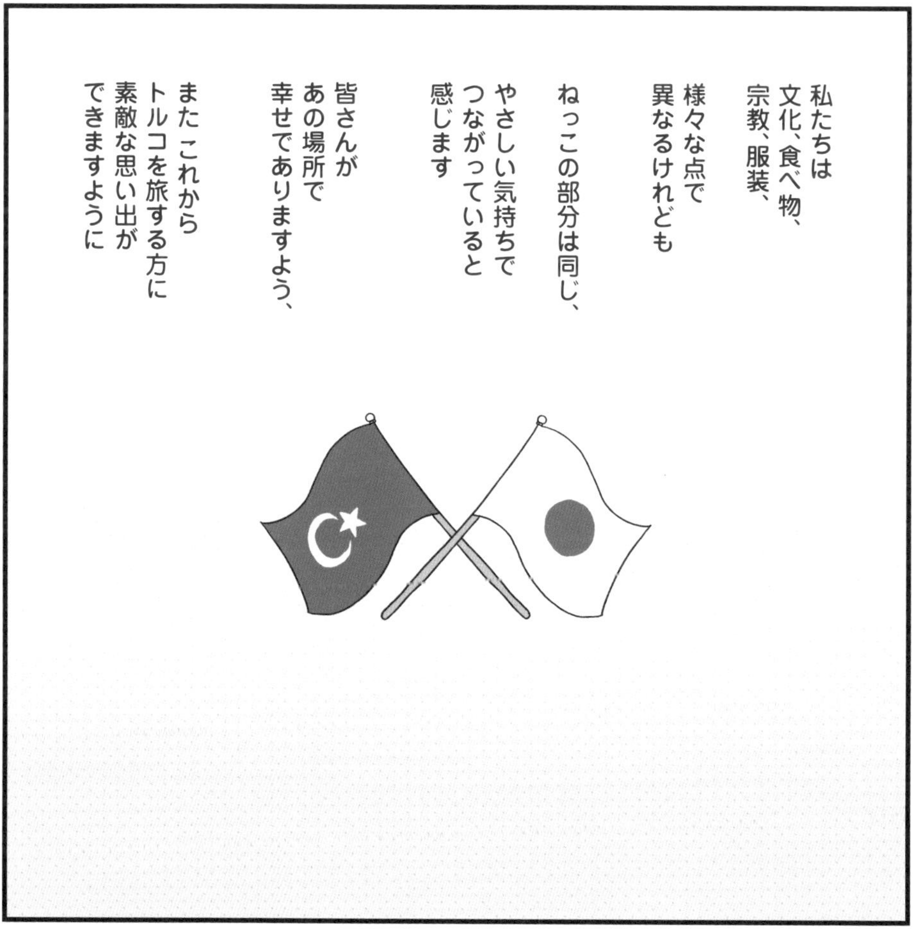
私たちは
文化、食べ物、
宗教、服装、
様々な点で
異なるけれども
ねっこの部分は同じ、
やさしい気持ちで
つながっていると
感じます
皆さんが
あの場所で
幸せでありますよう、
またこれから
トルコを旅する方に
素敵な思い出が
できますように

【トルコの皆様、ありがとうございました：終】

おまけマンガ

最終話で食べていたこちら…
ところどころオコゲが
15cmくらい
中にお米や野菜が。急いで食べたので味が記憶にない
帰国してこのマンガを描くにあたり
これ何だろう? みんなに聞いてみよう
ブ ネ
Bu ne?
↓
これ何?
オ ネ
○ ne?
↓
あれ何?
Bu ne?
エミレの返事
ごめん、僕はわからない
セミはわかる?
んん? ちょっと見たことないな
マノリアさんどうですか?
あら〜? 何かしらコレ… わからないわぁ
日本のトルコレストランで聞いてみました
日本語を話されるトルコ人の店員さん
私にもわかりません これは誰しもが作れるものではないと思います
私は何を食べていたのでしょうか?

トルコでのお話、いかがでしたでしょうか?
皆さまにお楽しみいただけたことを願っております
Misir《ムスル》
屋台で買えるトウモロコシ。1tlくらい。ぶっちゃけ日本の方が甘くておいしいですが、こちらは素朴な味を楽しめるかも
旅のマンガを描く際
聞いて聞いて!こんな面白いことあってん
という気持ちでペンをとり、
失敗談も
これを読んだ人は同じミスせぇへんのちゃうかな?
そしたら私の失敗もムダじゃなかった、って報われるわ
このような気持ちでおります
他国でのエピソードもいつかお届けできたら幸いです
最後までご覧いただきありがとうございます!
読者様、イースト・プレス様、担当堅田様、家族に感謝をこめて♡

野宮レナ
1月16日生まれ、関西出身。趣味は神社仏閣巡りと海外一人旅。旅先で現地の人とお喋りしたり、だれか気の合う人と知り合い仲良くなって帰るのを目標にしている。幼少期より動物が大好きで、現在はヨウムのロッコ、黒柴のふーちゃんが家族のメンバー。旅行中はペット達に会いたくて毎回ホームシックになり、家に電話して鳴き声を聞かせてもらっている。著書に『おはヨウム!ロッコちゃん』(イースト・プレス)。

トルコの人《ひと》がみんな親《しん》切《せつ》だった話《はなし》

The story that all the Turks were kind

2021年1月16日　第1刷

著者　野宮《のみや》レナ
装丁　名和田耕平デザイン事務所
発行人　堅田浩二
DTP　小林寛子
発行所　株式会社イースト・プレス
〒101-0051
東京都千代田区神田神保町2-4-7 久月神田ビル
tel : 03-5213-4700　fax : 03-5213-4701
https://www.eastpress.co.jp
印刷　中央精版印刷株式会社

ISBN978-4-7816-1946-0　C0095